Tierstudien 10/2016

Experiment

Tierstudien

10/2016

Experiment

Herausgegeben von
Jessica Ullrich

Neofelis Verlag

Tierstudien
10/2016: Experiment
Hrsg. v. Jessica Ullrich

Bibliografische Information der Deutschen Nationalbibliothek
Die Deutsche Nationalbibliothek verzeichnet diese Publikation in der Deutschen Nationalbibliografie; detaillierte bibliografische Daten sind im Internet über http://dnb.d-nb.de abrufbar.

Umschlaggestaltung: Marija Skara
Lektorat & Satz: Neofelis Verlag (mn/ae)
Druck: PRESSEL Digitaler Produktionsdruck, Remshalden
Gedruckt auf FSC-zertifiziertem Papier.
ISSN: 2193-8504
ISBN (Print): 978-3-95808-115-4
ISBN (PDF): 978-3-95808-165-9

Erscheinungsweise: zweimal jährlich
Jahresabonnement 20 €, Einzelheft 12 €
Erhältlich in Ihrer Buchhandlung oder direkt beim Neofelis Verlag unter:
vertrieb@neofelis-verlag.de

Ein Abonnement verlängert sich automatisch um ein Jahr, wenn die Kündigung nicht mindestens drei Monate vor Ende des Kalenderjahrs erfolgt ist.

Inhalt

Künstlerische Positionen

Editorial

Bis vor einigen Jahren ergab die Googlesuche beim Stichwort „Animal Studies“ vor allem Ergebnisse, die sich auf klinische Tierversuche bezogen. Das hat sich mit dem Erstarken der akademischen Disziplin der Animal Studies geändert, dennoch ist das Thema Tierexperiment in der gegenwärtigen Gesellschaft natürlich nicht weniger präsent und wird in der Öffentlichkeit und im akademischen Umfeld kontrovers diskutiert.

Die verschiedenen humanen und tierlichen Genomprojekte, Mensch-Maschinen-Schnittstellen in der Robotik und Nanotechnik und eine sich entwickelnde posthumanistische Ethik sowie Überlegungen zur Biopolitik, die auch Tiere einbeziehen, erfordern eine neue Theoriebildung des Tierexperiments. Während Tiere zumeist als lebendige Messinstrumente oder als bloßes Material gesehen wurden, beschreibt etwa Donna Haraway Labortiere als Akteur_innen in Experimenten.[1] Diese Haltung ist heftig kritisiert worden, eröffnet aber einen Blickwechsel auf die Agency von in Experimente involvierten Tieren, die ansonsten nur auf ihren passiven Opferstatus reduziert worden wären.[2]

Bei den Beiträgen dieser Ausgabe von *Tierstudien* handelt es sich um exemplarische geisteswissenschaftliche und künstlerische Diskussionen und Analysen der Entwicklung, der Perspektiven und der ethischen Bewertung von Tierversuchen in verschiedenen Kontexten. Den Auftakt machen drei Fallstudien, die sowohl zeitlich als auch räumlich weit auseinanderliegen, aber die sich alle sowohl mit dem Leiden der Tiere als auch der ethischen Vertretbarkeit und gesellschaftlichen Akzeptanz von medizinischen Experimenten an Tieren auseinandersetzen. Eröffnet wird der Band mit einem Blick auf Gegenwart und Zukunft des Experiments am Beispiel der Technoscience von Arianna Ferrari. Technoscience versteht die Autorin als eine Art der Wissensentwicklung, bei der es nicht möglich ist, das Wissenschaftliche vom

1 Donna Haraway: *When Species Meet*. Minneapolis: University of Minnesota 2008, S. 69–93.

2 Vgl. zur Kritik an Donna Haraways verharmlosender Sicht auf die Instrumentalisierung von Tieren Zipporah Weisberg: The Broken Promises of Monsters. Haraway, Animals and the Humanist Legacy. In: *Journal for Critical Animal Studies* 7,2 (2009), S. 21–61.

Technischen zu trennen und die das hybride und relationale Wesen des Wissens aufzeigt. Dadurch ist das Nachdenken über Technoscience nicht nur prädestiniert, die oft postulierte Einzigartigkeit des Menschen radikal in Frage zu stellen, sondern ermöglicht auch eine Neugestaltung der Beziehungen zwischen Menschen und anderen Tieren. Allerdings kritisiert Ferrari Ausprägungen der Technoscience, die Tiere genetisch manipuliert, weiterhin als zutiefst anthropozentrisch. Sie bedauert die Unsichtbarkeit von Tieren in den einschlägigen Wissenschafts- und Technikstudien und fordert implizit einen Perspektivwechsel hin zur Bedeutung technowissenschaftlicher Entwicklungen für die Tiere selbst.

Felix Eickelbeck betrachtet Tierversuche im kolonialen Indien an der Schwelle vom 19. zum 20. Jahrhundert. Als Quellenmaterial dienen ihm dabei u. a. die Berichte der Deutschen Pestkommission. Dabei legt Eickelbeck dar, wie verschiedenste Tierspezies, besonders aber Nager, mit Pest infiziert wurden, um deren unterschiedliche Empfänglichkeit für die Krankheit zu beobachten, diskutiert aber auch Schwierigkeiten bei der Beschaffung und Haltung der betreffenden Tiere sowie die Attitüde der jeweiligen Forschenden ihrem „Tiermaterial" gegenüber. Eickelbecks Text stellt einen wichtigen Beitrag dazu dar, die zentrale Rolle der Tiere als bisher übersehene oder gar verleugnete Opfer der Ausbreitung westlicher Medizin in der Geschichtsschreibung zu berücksichtigen. Darüberhinaus zeigt er den manipulativen Einfluss westlicher Wissenschaftler, der dazu beitrug, dass in Indien erst im Jahr 1947 Tierversuche gesetzlich reguliert wurden.

Larissa Deppisch liest den Tierversuch in ihrem Beitrag als „medikalisierte Praxis" und untersucht anhand einer repräsentativen Auswahl von Zeitungsartikeln Legitimations- und Delegitimationsstrategien eines Experiments mit Schweinen, das 2010 in Österreich stattfinden sollte. Beim sogenannten „Lawinenversuch" sollten Schweine im Schnee verschüttet werden, um die Folgen des Erfrierens oder Erstickens auf menschliche Organismen am Tiermodell zu testen. Deppisch unterzieht die Berichterstattung über das Experiment einer Diskursanalyse und zeigt dabei die Konflikte zwischen den Feldern Wissenschaft/Medizin und Tierschutz auf. Sie arbeitet heraus, dass im Lawinenexperiment die Legitimation der Tötung von Tieren zum Nutzen des Menschen auf einem klaren Mensch-Tier-Dualismus beruht. Es bleibt zu vermuten, dass dies in vergleichbarer Weise auch auf andere Tierversuche übertagbar ist.

Den drei Diskussionen naturwissenschaftlicher Tierversuche stehen drei Beiträge zum Tierexperiment in den Künsten gegenüber, zwei kunsthistorische Aufsätze und ein literaturwissenschaftlicher. Victor Hugo, der vor allem als Schriftsteller bekannt ist, war auch ein begeisterter Bildermacher. Andrea Haarer liest seine künstlerischen Erkundungen der Figur des Kraken, der auch in Hugos Literatur eine Rolle spielt, als experimentelle Praxis. Sie unterzieht die Produktion eines Krakenbildes aus den späten 1860er Jahren einem Close Reading und konzentriert sich auf den technischen Schaffensprozess und die Materialästhetik der amorph-fluiden Darstellung, bezieht aber auch die Krakenbeschreibungen Hugos aus seinem Roman *Die Arbeiter des Meeres* in die Analyse ein. Haarer verdeutlich, dass die nichtbegriffliche Praxis des Bildermachens als Erkenntnisprozess verstanden werden kann und Hugo sich mit den Formfindungsprozessen bei der Herstellung des Krakenbildes an der unkontrollierbaren Wesenheit des animalischen Anderen abarbeitete, welche der Autorin zufolge Parallelen zur natürlichen Kreation aufweist.

Nike Dreyer versteht die Installationen *Soma* von Carsten Höller und *Embracing Animals* von Kathy High, die beide experimentelle Praktiken aufgreifen, als Theriotopien und damit als Orte der Reflexion über mögliche Tier-Mensch-Ordnungen. Sie arbeitet die Unterschiede beider Arbeiten im Bezug auf ihr Verständnis vom Tierexperiment heraus und legt dabei besonderes Augenmerk auf die Analyse des Installationsaufbaus. Höller nähert sich dem Tierexperiment methodisch auf klassische Weise, indem er mit seiner panoptischen Rentier-Installation eine phantastische Hypothese überprüft, nämlich ob das sagenhafte Ritualgetränk Soma aus Fliegenpilz herstellbar sei. Kathy High hingegen therapiert in ihrer Arbeit ausgemusterte transgene Laborratten und stellt dabei in einer nur äußerlich laborhaften Situation die Notwendigkeit eines verantwortlichen Umgangs und einer empathischen Fürsorge mit den Tieren aus. Beide Installationen brechen jedoch durch ästhetische Distanz die Ordnung des Experiments und machen das widersprüchliche (Beobachtungs-)Verhalten Tieren gegenüber vor der Folie des wissenschaftlich-künstlerischen Experiments erfahrbar.

Stephanie Milling widmet sich der Arbeit *Helena* von Marco Evaristti, einer kontrovers diskutierten Installation, bei der lebendige Goldfische in funktionstüchtigen Mixern ausgestellt wurden und teilweise auch zu Tode kamen. Die Arbeit soll, so der Wille des Künstlers, als „soziales Experiment" verstanden werden, dessen Versuchsaufbau zunächst die Partizipation der Rezipient_innen und dann deren Eingruppierung in Sadist_innen, Voyeur_innen oder Moralist_innen ermöglicht. Damit werden die Besucher_innen zu Probanden, der Künstler zum Experimentator, der ein eher negatives Menschenbild pflegt. Milling reflektiert einerseits über die (hier enttäuschten) Potentiale partizipativer Installationskunst und andererseits über die Rechtfertigung der Tiertötung bei Donna Haraway und kommt zu dem Schluss, dass Evaristti den Tieren keine ‚response' im Haraway'schen Sinne zugesteht, sondern sie zu Objekten degradiert, die ungestraft getötet werden können, ohne dass er die Verantwortung dafür von sich weisen kann.
Der Beitrag von Carla Swiderski widmet sich dem Roman *Auswilderung* von Bettina Suleiman, der u. a. auf Wolf Köhlers bekannte Affenexperimente in Leipzig zurückgreift, diese fiktiv weiterspinnt und die Verwicklungen und bewussten Manipulationen rund um ein Auswilderungsprojekt von auf Menschen geprägten Gorillas beschreibt. Indem im Roman der Personenstatus von Gorillas verhandelt wird – der sich u. a. an Empathiefähigkeit, Selbstkontrolle und Zeitempfinden zeigen soll –, geht es auch um eine experimentelle Rekonzeptualisierung des Menschen. Es wird nicht nur der unklare Status der Affen, die im Roman durchaus zweideutig als sogenannten „Subjects" deklariert werden, reflektiert, sondern auch wie sich das Menschliche immer wieder neu definiert oder auflöst. Swiderski argumentiert, dass sich das erzählte Auswilderungsexperiment am Ende von einem anthropozentrischen Weltbild entfernt und damit zu einer Neubestimmung des Mensch-Tier-Verhältnisses beizutragen vermag.

Es folgt ein Block mit vier künstlerischen Beiträgen, wobei der von Mara-Daria Cojocaru literarisch ist, die von Thomas Thwaites und Maja Smrekar eher performativ sind und die gemeinsame Arbeit von Michael Burton und Michiko Nitta ein installatives Gesamtkunstwerk darstellt. Allen ist gemeinsam, dass sie sich an der Schwelle zwischen Wissenschaft und Kunst bewegen und direkte Bezüge zu gegenwärtigen naturwissenschaftlichen Praktiken und Diskursen aufweisen.

Mara-Daria Cojocaru anthropomorphisiert ihre tierlichen Protagonist_innen nicht, sondern nimmt sie als fühlende Wesen ernst. So liefert sie u.a. eine zutiefst verstörende Momentaufnahme des Erlebens eines Tierexperimentators, der eine tödliche Belastungsprobe an Ratten durchführt, wobei Ungeheuerlichkeiten wie „fachgerechter Tod" im Modus des Gedichts besonders affizieren. Sie bedient sich anatomischen und medizinischen Fachvokabulars und versieht ihre Gedichte mit Fußnoten, die den Anschein einer Wissenschaftlichkeit und Überprüfbarkeit hervorrufen, der sich die Lyrik naturgemäß entzieht. Cordectomie etwa bezeichnet eine Operation am Kehlkopf, bei der die Stimmbänder entfernt werden. Eine Praxis, der die Beagles in *Debarking* unterzogen werden, damit sie Versuchsabläufe nicht durch Bellen stören. Das englische bark meint zugleich bellen und schälen. Wenn das Entfernen der Stimmbänder mit dem Abschälen von Baumrinde assoziiert wird, hat das eine viszerale Wirkung auf die Leserin. Im *Selbstversuch* findet man sich inmitten eines Gewebes aus konzeptionellen Bezügen (von ‚Mensch' und ‚Tier', von ‚Natur' und ‚Kunst') und konkreten Wanderungsbewegungen – des Monarchfalters, des Blauwals, der Moskauer Straßenhunde, der Brieftaube. Richtung geben in diesen poetischen Versuchsanordnungen auch historische Personen, wie Paul Tibbets, der die Atombombe Little Boy über Hiroshima abwarf, oder der eigene Hund, der zum Ko-Autor und Kritiker zugleich wird, wenn es Zeit ist für das *Automatische Morgendiktat.*

Thomas Thwaites nimmt sich auf der Suche nach einem natürlicheren Leben eine Auszeit von seinem Menschendasein und versucht sich als Ziege. Auf sein Projekt bereitet er sich durch tierethologische, physiologische, anatomische und ingenieurstechnische Studien vor und spricht mit Ziegenexperten aus aller Welt. Schließlich baut er sich ein aufwändiges und offenkundig extrem unbequemes Exoskelett und konstruiert sich mit Hilfe von Ärzten und Chemikern einen prothetischen Ziegenmagen, um Gras verdauen zu können. Im Bestreben sich in den vermeintlich reduzierten Geist einer Ziege einfühlen zu können, unterzieht er sich einer transkraniellen Magnetstimulation, um kurzzeitig Aktionspotentiale auszulösen, die Bereiche des Gehirns hemmen. Thwaites kombiniert seinen Körper mit Technologie, um eine Alterität zu werden, die den Horizont weitet und ihn auf neue Art mit der Welt verbindet. Am Ende verbringt er tatsächlich einige Zeit bei einer Herde Ziegen in den Schweizer Alpen. Letztlich sind es Thwaites körperliche

Unzulänglichkeiten, die Sperrigkeit seiner Ausrüstung sowie die Unberechenbarkeit und Unwirtlichkeit des Habitats, die sein Experiment begrenzen. Gerade durch das frühzeitige Scheitern und unerwartete Erfolge wie die Kontaktaufnahme einer offenbar seine Freundschaft suchenden Ziege erlangt Thwaites vielleicht tatsächlich ein direktes körperlicheres Verständnis von der Fragilität und der Eingebundenheit aller Tiere – menschlicher und nichtmenschlicher – in einer gemeinsamen Umwelt.

Maja Smrekars performatives Langzeitprojekt kreist um ihre Mutterschaft für ihre kleine Hündin Ada Lady Lovelace Laelaps, die nicht nur die Sorge um das tierliche Kind, sondern auch das Stillen als wichtigen Bestandteil einer intimen Beziehung körperlich realisiert und künstlerisch verarbeitet. Smrekar traktiert ihren Körper mit Diät, psychologischem und physiologischem Training und vor allem mit einer alle drei Stunden angelegten Milchpumpe so lange, bis sie zur Amme ihrer kleinen Hündin werden kann. Ein Nebeneffekt der Prolaktinausschüttung, die für den Milchfluss zuständig ist, ist, dass vermehrt das Hormon Oxytozin freigesetzt wird, das mit Empathie und Mutterliebe assoziiert wird. Während Vaterschaft als etwas Aktives, als eine soziale und kulturelle Institution konstruiert wird, wird Mutterschaft oft als ein rein automatischer und biologischer Prozess verstanden. Dem setzt Smrekar eine selbstgewählte und aktive Mutterschaft entgegen. Die Leihmutterschaft für eine kleine Hündin zu übernehmen, bedeutet eine radikale Intimität, die Smrekar im Kontext des Deleuze-Guattari'schen Konzepts von Tier-Werden verstanden wissen will. Die Arbeit liest ein überkommenes Mutterbild que(e)r und unterläuft tradierte Rollenzuschreibungen. Die Mutter wird zur subversiven Figur der Abweichung aber auch eine experimentelle Alternative zu bestehenden Idealen von Mutterschaft. Smrekar formuliert das so: „By being pregnant with a meaning, I am becoming (m)Other!“[3]

Michiko Nitta und Michael Burton entwickelten in ihrem Projekt *Shadow Biosphere* imaginäre Spezies, um die Erde von Umweltschäden zu säubern. Als Lösung gegen Artenschwund stellen sie Spezies vor, die die zerstörerischen Effekte von Klimawandel, menschlichen Bevölkerungswachstum, Rodung von Wäldern und sich erhöhendem

3 Maja Smrekar in einem „Involution of (m)other“ betitelten Brief an Jens Hauser vom 25.11.2015, veröffentlicht in ihrem Blog: http://majasmrekar.org/post-no-2-involution-of-m-mother (Zugriff am 24.07.2016).

Meeresspiegel ausradieren und die Umwelt stabilisieren, um damit das Überleben auf der Erde zu gewährleisten. Nitta und Burton kombinieren ein wissenschaftliches Methodenspektrum mit Science Fiction-Erzählmustern und der in der Kunst tief verankerten Idee des *alter deus*. Fiktiv werden Methoden der synthetischen Biologie, Nanotechnologie und Phytoremediation appropriiert, um durch Artenschwund entstandene Umweltnischen mit neuen Spezies zu füllen. Künstlerisch-technische Verfahren ersetzen das formgebende Prinzip der Biologie und potentiell unbegrenzt wandelbare Tiere die natürlichen. In Nittas und Burtons postbiologischer Fantasie sind Tiere zwar bloße Ökosystemdienstleister, die für Sauerstoffproduktion oder Luft- und Wasserreinigung zuständig sind, doch plädieren die Künstler_innen auch für die Akzeptanz einer technisch neugestalteten Umwelt als Natur und damit für eine Auflösung des tradierten Natur/Kultur-Dualismus. Die Kombination von technologischem Fortschritt mit künstlerischer Imagination wird bei ihnen zur emanzipatorischen Kraft, die auf der Ebene des Experiments selbst mit dem Niedergang natürlicher Umwelt kreativ umzugehen vermag.

Jessica Ullrich

Fallstudien
Theorie und Praxis des Tierversuchs

Tiere und Technoscience

Arianna Ferrari

Technoscience hat sich zu einem wichtigen Konzept in der derzeitigen Debatte epistemischer und normativer Veränderungen dessen, wie wissenschaftliche und technologische Nachforschungen durchgeführt werden, entwickelt. Obwohl es verschiedene Möglichkeiten gibt, Technoscience zu beschreiben (und daher verschiedene Interpretationen, ob es sich um eine ‚neue' Art der Wissensproduktion handelt und wann sie begann), bezeichnet der Begriff allgemein betrachtet eine Art der Wissensentwicklung, bei der es nicht möglich ist, das Wissenschaftliche vom Technischen zu trennen.[1] Im Gegensatz zu ‚traditionellen wissenschaftlichen Vorgehensweisen', in denen wissenschaftliche Objekte relevant sind, weil es über sie Fakten gibt, konzentriert Technoscience sich auf die tiefergreifenden Verwicklungen zwischen theoretischen Darstellungen (Wissenschaft) und technischen Erfindungen. Daher ist Technoscience auf Dinge als Anordnungen verschiedener Interessen bedacht.[2] Die Wende der Geisteswissenschaften hin zu Tieren, die durch die Etablierung von Human-Animal Studies (HAS) und Critical Animal Studies (CAS) in den letzten zwei Jahrzehnten verwirklicht wurde, zielt darauf ab, Tiere in akademische und (sozial-)wissenschaftliche Fragestellungen einzubinden und sie von ihrem ontologischen Status als Objekte zu befreien.[3] Tiere sollten nicht länger als reine Metaphern oder Symbole wahrgenommen werden, sondern als Individuen aus Fleisch und Blut, die in verschiedene

1 Vgl. u. a. Paul Forman: The Primacy of Science in Modernity, of Technology in Postmodernity, and of Ideology in the History of Technology. In: *History and Technology* 23,1 (2007), S. 1–152; Alfred Nordmann: The Age of Technoscience. In: Ders. / Hans Radder / Gregor Schiemann (Hrsg.): *Science Transformed? Debating Claims of an Epochal Break*. Pittsburgh: University of Pittsburgh Press 2011, S. 19–30.

2 Bernadette Bensaude-Vincent / Sacha Loeve / Alfred Nordmann / Astrid Schwarz: Matters of Interest. The Objects of Research in Science and Technoscience. In: *Journal for General Philosophy of Science* 42,2 (2011), S. 365–383.

3 Margo DeMello: *Animals and Society. An Introduction to Human-Animal Studies*. New York: Columbia UP 2012; Nik Taylor / Richard Twine (Hrsg.): *The Rise of Critical Animal Studies. From the Margins to the Centre*. London / New York: Routledge 2014.

Mechanismen der Wissensproduktion und -praktiken eingebunden sind.[4] Kritische Perspektiven auf Tiere verlagern den Schwerpunkt ihrer Fragestellung von dem Beharren, nach den Kapazitäten von Tieren zu suchen, auf die Komplexität artübergreifender Beziehungen, wobei sie die Vorstellung menschlicher Herrschaft und menschlicher Einzigartigkeit kritisch hinterfragen.[5] Da die Untersuchung von Technoscience eine hybride Natur des Wissens und von dessen Hersteller_innen aufzeigt und dadurch grundlegend die Unterschiede zwischen Natur und Kultur in Frage stellt, arbeitet sie implizit an einem Überdenken der Auffassung von der Einzigartigkeit des Menschen, das sich definieren lässt als „die Prämisse, dass die Menschheit alleine kein räumliches und zeitliches Netz von artübergreifenden Abhängigkeiten ist."[6] Während Technoscience die Wechselbeziehungen zwischen und die Untrennbarkeit von Wissenschaft, Technologie und Gesellschaft aufzeigt, kann ihre Fragestellung die Idee des transzendentalen Menschen, der außerhalb sozio-natureller Verwicklungen steht, nur ablehnen und verleiht daher dem Bedarf Ausdruck, eine relationale Ontologie zu entwickeln. Die Wendung zu Tieren arbeitet daran, die zutiefst zusammenhängende Natur von Menschen und Tieren offenzulegen. Technoscience weist auf einen anderen Weg hin, die Verflechtungen von Wissen, technologischen Werkzeugen und sozialen Bedeutungen zu betrachten. Daher ermöglicht sie eine Öffnung zur Neugestaltung der Beziehungen zwischen Menschen und Tieren und fängt die Subjektivität von Tieren ein. Selbstverständlich sollte die Untersuchung von Technoscience und der Art und Weise, wie sie Wissen produziert und Dinge begrifflich fasst, nicht mit Technoscience selbst verwechselt werden.

Technoscience mit Tieren, wie zum Beispiel Genmanipulation, überwindet das Konzept der menschlichen Einzigartigkeit nicht. Dennoch kann ein genauer Blick auf die Art und Weise, in der Technoscience operiert, hilfreich sein, wenn es darum geht, die Vernetzung von

4 Helena Pedersen / Vaile Stenscu: Future Directions for Critical Animal Studies. In: Nik Taylor / Richard Twine (Hrsg.): *The Rise of Critical Animal Studies. From the Margins to the Centre.* London / New York: Routledge 2014, S. 262–275.

5 Vgl. u. a. Cary Wolfe: *What Is Posthumanism?* London / Minneapolis: University of Minnesota Press 2010; John Sorenson (Hrsg.): *Critical Animal Studies. Thinking the Unthinkable.* Toronto: Canadian Scholars' Press 2014; Taylor / Twine (Hrsg.): *Rise of Critical Animal Studies.*

6 Donna J. Haraway: *When Species Meet.* London / Minneapolis: University of Minnesota Press 2008, S. 11. Übers. L. R.

Lebewesen – und im Speziellen die von Mensch und Tier – kritisch zu hinterfragen. Die Analyse von Tieren in Technoscience stellt eine Analyse der Beziehungen zwischen Mensch und Tier dar, die etwas über unsere Biographie und unsere Werte aussagt, da sowohl Menschen als auch Tiere in diesen Verflechtungen Subjekte sind. Donna Haraways Überlegungen zur OncoMouse[7] werden als erste relationale Verhandlung der Verstrickungen von Wissenschaft, Technologie und Tieren angesehen. Die OncoMouse ist ein Produkt der Wissenswirtschaft und wird von Forschern als komplett sich selbst genügendes System betrachtet: Anstatt allgemeine biologische Fakten zu extrapolieren, um sie auf Menschen anzuwenden, produzieren Biotechnologen, laut Haraway, Heilungen für Krankheiten dieser speziellen ‚Tiermodelle'.[8] An dieser Stelle müssen wir uns den Satz des früheren Leiters des National Cancer Institute, Richard Klausner, gegenüber der *Los Angeles Times* ins Gedächtnis rufen: „Die Geschichte der Krebsforschung ist eine Geschichte der Heilung von Krebs in Mäusen. [...] Wir heilen Mäuse seit Jahrzehnten von Krebs – und bei Menschen hat es einfach nicht funktioniert."[9] Inwiefern Haraways OncoMouse wirklich Tiere als Subjekte und nicht als Symbole zeigt, ist umstritten.[10] Allerdings ist Haraways Analyse insofern wichtig, als sie eine Diskrepanz zwischen der Konzeptualisierung von Tieren in biotechnologischer Forschung, die von Bastelei und Kontrolle motiviert ist, und der (traditionelleren) Form aufzeigt, in der die Apparatur für Tierexperimente in Gesetz und Gesellschaft (mit dem Argument der Eignung und Bedeutung der Ergebnisse für den Menschen) gerechtfertigt wird. Darüber hinaus weist Haraways Beschreibung von ‚Labortieren' als ‚Arbeiter', wenn sie auch beunruhigend ist,[11] auf deren Natur als Individuen mit Handlungsfähigkeiten hin und enthält daher das Potenzial, zu ihrer Betrachtung als Subjekte zu führen.

7 Donna J. Haraway: *Modest_Witness@Second_Millenium. FemaleMan©_Meets_OncoMouse™*. London / New York: Routledge 1997.

8 Vgl. Bensaude-Vincent / Loeve / Nordmann / Schwarz: Matters of Interest.

9 Marlene Cimons / Josh Getlin / Thomas H. Maugh II: Cancer Drugs Face Long Road From Mice to Men. In: *Los Angeles Times*, 06.05.1998, S. A1. Übers. L. R.

10 Vgl. Zipporah Weisberg: The Broken Promises of Monsters. Haraway, Animals and the Humanist Legacy. In: *Journal for Critical Animal Studies* 7,2 (2009), S. 22–62; Zipporah Weisberg: The Trouble with Posthumanism: Bacteria Are People Too. In: Sorenson (Hrsg.): *Critical Animal Studies*, S. 93–116.

11 Vgl. Weisberg: Bacteria Are People Too.

Die Unsichtbarkeit von Tieren in der derzeitigen wissenschaftlichen und technischen Forschung

Trotz dieser vielversprechenden Verbindung zwischen dem Regime der Technoscience und der Entstehung der Wendung zum Tier hin in den Geisteswissenschaften sind akademische Arbeiten zu diesem Thema nach wie vor rar. In den wichtigsten Sammelbänden zur Technikphilosophie, Technikethik und Wissenschafts- und Technikstudien (Science and Technology Studies – STS) gibt es keine gründliche Analyse der verschiedenen ethischen und gesellschaftlichen Auswirkungen der Rolle von Tieren auf Wissenschaft und Technik.[12] Dies ist der Fall, obwohl Tiere in praktisch allen technowissenschaftlichen Feldern omnipräsent sind. Falls Tiere in Untersuchungen zur Technoscience erwähnt werden, sind sie oftmals unter allgemeinere Umweltanliegen subsumiert,[13] trotz z. B. des bereits von William R. Catton Jr. und Riley E. Dunlap vorgetragenen Vorwurfs, dass das Feld der Umweltsoziologie vom Anthropozentrismus dominiert wird.[14] Beinahe jede technowissenschaftliche Erfindung wird an Tieren getestet, bevor sie auf den Markt gebracht wird. Obwohl es eine lange Geschichte der Kontroversen über Tierversuche gibt und obwohl die Verwendung sogenannter genetisch modifizierter Tiermodelle interessante Fragen bezüglich der Wissensbeschaffung aufwirft, werden Tierexperimente nicht als wichtiges Thema der Untersuchungen von Technoscience betrachtet. Die große Mehrheit dieser Literatur versteht Tiere einfach als Teil der Produktionsmittel oder als ‚lebendige Laborgeräte'[15] und nicht als Subjekte (mit der bemerkenswerten Ausnahme von Lynda Birke, Mette Bryld und Nina Lykke mit ihrem Begriff von Performativität[16]

12 Vgl. u. a. David M. Kaplan (Hrsg.): *Readings in the Philosophy of Technology*. Lanham: Rowman & Littlefield 2004; Jan Kyrre Berg Olsen / Stig Andur Pedersen / Vincent F. Hendricks (Hrsg.): *A Companion to the Philosophy of Technology*. Malden / Oxford: Wiley-Blackwell 2009; Arianna Ferrari: Tier und Technik. In: Armin Grunwald (Hrsg.): *Handbuch Technikethik*. Stuttgart: Metzler 2013, S. 203–207.

13 Vgl. Craig Hanks (Hrsg.): *Technology and Values. Essential Readings*. Malden / Oxford: Wiley-Blackwell 2009.

14 William R. Catton Jr. / Riley E. Dunlap: Environmental Sociology: A New Paradigm. In: *The American Sociologist* 13,1 (1978), S. 41–49.

15 Vgl. Karin Knorr Cetina: *Wissenskulturen. Ein Vergleich naturwissenschaftlicher Wissensformen*. Berlin: Suhrkamp 2002; Robert E. Kohler: *Lords of the Fly. Drosophila Genetics and Experimental Life*. Chicago / London: University of Chicago Press 1994.

16 Lynda Birke / Mette Bryld / Nina Lykke: Animal Performances. An Exploration of Intersections between Feminist Science Studies and Studies of Human / Animal Relationships. In: *Feminist Theory* 5,2 (2004), S. 167–183.

sowie Donna J. Haraway mit ihrer umstrittenen Definition von Tieren als ‚Arbeiter'[17]).

Erst vor kurzem wurde vorgeschlagen, dass man sich dem Klonen vom Aussterben bedrohter Arten durch die Kategorie der Transposition nähern sollte, da diese „einen analytischen Erwerb über die Position von ‚Modellen' hinaus anbietet, um die gesellschaftlichen Prozesse einzuschließen, die bei der Erschaffung einer ganzen Palette neuer Arten von Mischungen durch die Lebenswissenschaften und Biomedizin involviert sind."[18] Im Bereich der sozialwissenschaftlichen Untersuchungen von Naturwissenschaften wurden Forschungen über Produktionspraktiken von biomedizinischem Wissen[19] und über die Bedeutung von Tieren in der technowissenschaftlichen Entwicklung der Biomedizin und Therapeutik in der Vergangenheit angestellt.[20] Doch fehlt ein spezieller Fokus auf die tiefere Bedeutung technowissenschaftlicher Entwicklung für die Tiere selbst. Überlegungen zur Biopolitik, die den lebendigen Körper ins Zentrum ihres Interesses stellen,[21] haben größtenteils weiterhin ihr Hauptaugenmerk auf den Menschen gelegt und ignorieren daher die momentane Wendung zum Tier in den Geisteswissenschaften. Nennenswerte Ausnahmen werden durch die Forschungen Sarah Franklins angeboten, die vorgeschlagen hat, dass die Abstammung des geklonten Schafs Dolly zunehmend unsere eigene ist (biologisch, technologisch und kulturell sowie gesellschaftlich),[22] sowie durch die Forschung des kritischen Tierstudienwissenschaftlers Richard Twine, der die ontologischen Implikationen von biotechnischen Praktiken für Tiere beschreibt.[23] Das Fehlen

17 Haraway: *When Species Meet.*

18 Carrie Friese / Adele E. Clarke: Transposing Bodies of Knowledge and Technique. Animal Models at Work in Reproductive Sciences. In: *Social Studies of Science* 42,1 (2012), S. 31–52, hier S. 46. Übers. L. R.

19 Vgl. z. B. Adele E. Clarke / Joan H. Fujimura (Hrsg.): *The Right Tools for the Job. At Work in Twentieth-Century Life Sciences.* Princeton: Princeton UP 1992; Joan H. Fujimura: *Crafting Science. A Sociohistory of the Quest for the Genetics of Cancer.* Cambridge: Harvard UP 1996; Andrew Pickering (Hrsg.): *Science as Practice and Culture.* Chicago: University of Chicago Press 1992.

20 W. F. Bynum / V. Nutton (Hrsg.): *Essays in the History of Therapeutics.* Amsterdam: Rodopi 1991.

21 Nikolas Rose: *The Politics of Life Itself. Biomedicine, Power, and Subjectivity in the Twenty-First Century.* Princeton: Princeton UP 2006.

22 Sarah Franklin: *Dolly Mixtures. The Remaking of Genealogy.* Durham: Duke UP 2007.

23 Richard Twine: *Animals as Biotechnology. Ethics, Sustainability and Critical Animal Studies.* London / Washington: Earthscan 2010.

von gemeinsamen Mustern in den Auswirkungen von Technoscience auf Menschen und Tiere wurde jüngst von Nikolas Rose anerkannt, der aufgezeigt hat, dass die umfassenden Perspektiven, das Leben zu manipulieren, eine generelle Tendenz der Technologisierung von Vitalität repräsentieren, welche die Lebenswissenschaften von der Genmanipulation bis zur synthetischen Biologie charakterisiert.[24] Tiere sind die Ziele technologischer Visionen, wie die Debatte über ‚Animal Enhancement' und ‚Animal Disenhancement' zeigt, aber dies scheint ebenfalls nur von geringem Interesse für Wissenschaftler_innen zu sein. In dieser Hinsicht hat sich *Nanoethics* als eine wegweisende Zeitschrift erwiesen, in der dieses Thema in verschiedensten Artikeln einen Platz gefunden hat.[25] Visionen der Tiermodifizierung oder der Erschaffung neuer Wesenseinheiten als Antwort auf Herausforderungen der Umwelt wie etwa den Klimawandel, wie Beispiele wie ‚Enviropigs' und In-Vitro-Fleisch zeigen, gewinnen allmählich an Bedeutung unter Wissenschaftler_innen, da sie sich auf interessante Weise mit starken Narrativen, wie z.B. Nachhaltigkeit, mischen.[26] Tiere bieten auch Inspiration für Mensch-Maschinen-Schnittstellen und Robotik: Sie werden zu Objekten der Fernsteuerung und zu ‚Modellen' für neurowissenschaftliche Forschung, aber fast jede dieser Nutzungen bedarf einer kritischen Analyse in der Literatur über Technoscience. Tiere sind auch in der Reflektion über die Implikationen von Essen und landwirtschaftlicher Biotechnologie[27] abwesend, obwohl Landwirtschaft ein gutes Beispiel für die komplexe Mischung von Mensch, Tier und Technologie darstellt.

24 Nikolas Rose: The Human Sciences in a Biological Age. In: *Institute for Culture and Society. Occasional Paper Series* 3,1 (2012).

25 Vgl. Paul B. Thompson: The Opposite of Human Enhancement. Nanotechnology and the Blind Chicken Problem. In: *NanoEthics* 2,3 (2008), S. 305–316; Clare Palmer: Animal Disenhancement and the Non-Identity Problem: A Response to Thompson. In: *NanoEthics* 5,1 (2011), S. 43–48. In der Spezialausgabe zu ‚animal disenhancement' vgl. Arianna Ferrari: Animal Disenhancement for Animal Welfare. The Apparent Philosophical Conundrums and the Real Exploitation of Animals. A Response to Thompson and Palmer. In: *NanoEthics* 6,1 (2012), S. 65–76; John Hadley: Confining ‚Disenhanced' Animals. In: Ebd., S. 41–46; Soraj Hongladarom: The Disenhancement Problem in Agriculture. A Reply to Thompson. In: Ebd., S. 47–54; Adam Henschke: Making Sense of Animal Disenhancement. In: Ebd., S. 55–64.

26 Vgl. Neil James Stephens: Growing Meat in Laboratories. The Promise, Ontology, and Ethical Boundary-Work of Using Muscle Cells to Make Food. In: *Configurations* 21,2 (2013), S. 159–181.

27 Vgl. Paul B. Thompson: *The Spirit of the Soil*. London / New York: Routledge 1994.

Das jüngst erschienene Editorial zu einer speziellen Sektion über Neuroethik und Tiere im *Cambridge Quarterly of Healthcare Ethics*[28] formuliert eine vorsichtige Erkenntnis des enormen manipulativen Potenzials der Neurotechnologien für die Tierpsyche. Nichtsdestotrotz wird die Bedeutung einer Erweiterung des ‚humanistischen Fokus' des neuroethischen Diskurses immer noch innerhalb der Vorstellung von menschlicher Einzigartigkeit entwickelt: Die epistemischen Bedenken in Bezug auf die Tierpsyche sind für die Autor_innen insofern interessant, als sie die Tür zu einer externalisierenden Darstellung kognitiver Funktionen öffnen (während die normale Herangehensweise zur menschlichen Psyche internalisierend ist). Allerdings verbleibt diese Perspektive auf die Psyche klar humanistisch und verneint, dass Tiere „ein hochentwickeltes, bewusstes mentales Leben" haben und dass ihr Verhalten als intentional und freiwillig beschrieben werden kann.[29] Die Autor_innen sind vornehmlich immer noch auf die Ähnlichkeiten und Unterschiede zwischen ‚dem' Menschen und ‚dem' Tier konzentriert. Für viele Wissenschaftler_innen erscheint es leichter, gezüchtete Tiere als ‚Artefakte' zu sehen oder sich in die Diskussion über den moralischen Status komplexer Maschinen und technischer Systeme einzubringen als an den unterschiedlichen Implikationen eines veränderten Konzepts von Subjektivität für nichtmenschliche Lebewesen zu arbeiten (es gibt allerdings einige Ausnahmen[30]). Das Fehlen einer tiefergehenden Beteiligung an der Debatte über die Relevanz von soziokognitiven Fähigkeiten für die Zuschreibung eines moralischen Status[31] und über die Möglichkeit, manche Tiere sogar als moralische Akteure in Erwägung zu ziehen,[32] stellt ein bedenkliches Defizit für Diskussionen darüber dar, wie wünschenswert die Konstruktion

28 Tom Buller / Martha Farah / Adam Shrivner: Broadening the Focus. In: *Cambridge Quarterly of Healthcare Ethics* 23,2 (2014), S. 124–128.

29 Ebd., S. 124–125. Übers. L. R.

30 Vgl. Mark Coeckelbergh: *Growing Moral Relations. Critique of Moral Status Ascription.* Basingstoke / New York: Palgrave Macmillan 2012; David J. Gunkel: A Vindication of the Rights of Machines. In: *Philosophy & Technology* 27,1 (2014), S. 113–132.

31 Vgl. Guy L. Francione: *Animals as Persons. Essays on the Abolition of Animal Exploitation.* New York: Columbia UP 2008.

32 Vgl. Marc Bekoff / Jessica Pierce: *Wild Justice. The Moral Lives of Animals.* Chicago: University of Chicago Press 2008; Mark Rowlands: *Can Animals Be Moral?* Oxford: Oxford UP 2012.

künstlicher moralischer Akteure ist.[33] Versuche, eine andere Vorstellung von Gesellschaft, die Artefakte enthält,[34] oder eine nichthumanistische oder posthumanistische Ethik zu formulieren, indem man die Gemeinschaft der moralischen Akteure erweitert, sodass Artefakte eingeschlossen sind,[35] wurden in der Mehrheit der Fälle ohne tiefergehende Verbindung zu Arbeiten in Human-Animal Studies und Critical Animal Studies ausgeführt (mit einigen Ausnahmen)[36]. Dies erweist sich als ein weiteres wichtiges Defizit, wenn man das Potenzial eines neuen Konzepts von Agency in Betracht zieht, das von anthropomorphischen Eigenschaften befreit ist, die in posthumanistischen Darstellungen und der Akteur-Netzwerk-Theorie enthalten sind.[37] Aus posthumanistischer Arbeit scheinen einige Versprechen zu stammen, die sich durch eine fundamentale Kritik an der modernen Rationalität und daher an der Konzeption der Subjektivität (menschliches Subjekt) definiert als Bewusstsein oder Wille auszeichnen. Posthumanistische Theoretiker_innen haben die Ausarbeitung eines posthumanistischen Subjekts als ein hybrides Wesen[38] oder als eine nicht-naturalistische, vitalistische und selbstorganisierende Instanz mit der Fähigkeit, Grenzen zu überschreiten, unternommen.[39] Ihre Definition eines Subjekts ist daher eindeutig nicht bloß auf die menschliche Spezies begrenzt,

33 Z.B. Colin Allen / Wendell Wallach: *Moral Machines. Teaching Robots Right from Wrong.* Oxford: Oxford UP 2008.

34 Luciano Floridi / J.W. Sanders: On the Morality of Artificial Agents. In: *Mind and Machine* 14,3 (2004), S. 349–379; Bruno Latour: *Eine neue Soziologie für eine neue Gesellschaft. Einführung in die Akteur-Netzwerk-Theorie,* aus d. Engl. v. Gustav Roßler. Frankfurt am Main: Suhrkamp 2010.

35 Vgl. z.B. Peter-Paul Verbeek: *Moralizing Technology. Understanding and Designing the Morality of Things.* Chicago: University of Chicago Press 2011; ders.: Morality in Design. Design Ethics and the Morality of Technological Artifacts. In: Pieter E. Vermaas / Peter Kroes / Andrew Light / Steven A. Moore (Hrsg.): *Philosophy and Design. From Engineering to Architecture.* Dordrecht: Springer 2008, S. 91–103.

36 Gunther Teubner: Rights of Non-Humans? Electronic Agents and Animals as New Actors in Politics and Law. In: *Journal of Law and Society* 33,4 (2006), S. 497–521.

37 Vgl. Philip Drake: Marxism and the Nonhuman Turn: Animating Nonhumans, Exploitation, and Politics with ANT and Animal Studies. In: *Rethinking Marxism: A Journal of Economics, Culture, and Society* 27,1 (2015), S. 107–122; Gerda Roelvink: Rethinking Species-Being in the Anthropocene. In: *Rethinking Marxism: A Journal of Economics, Culture, and Society* 25,1 (2013), S. 52–69.

38 Vgl. Donna J. Haraway: *The Companion Species Manifesto. Dogs, People, and Significant Otherness.* Chicago: University of Chicago Press 2003; dies.: *When Species Meet.*

39 Vgl. Rosi Braidotti: *The Posthuman.* Cambridge: Polity 2013.

sondern reicht über Artgrenzen hinaus. Allerdings bleiben die Implikationen für Tiere in der technowissenschaftlichen Praxis in vielen Fällen unklar, was auch an dem diffusen Widerwillen der posthumanistischen Theorien liegt, klare normative Stellungen zu beziehen.[40] Die Unsichtbarkeit von Tieren ist vielleicht überhaupt nicht überraschend, wenn wir in Betracht ziehen, dass die Definition von Technologie an sich jegliche Referenz auf nichtmenschliche Lebewesen ausschließt: Weiterhin ist die Idee eines ontologischen Unterschieds zwischen dem menschlichen und dem tierischen Gebrauch von Werkzeugen (der auf die aristotelische Theorie der ‚techné' zurückgeht und allein den menschlichen Gebrauch als wirklich zweckorientiert versteht) vorherrschend. Dieser anthropozentrische Fokus wurde vor kurzem von Pieter Vermaas, Peter Kroes, Ibo van de Poel, Maarten Franssen und Wybo Houkes anerkannt:

Eine schwerer zu beantwortende Frage ist, ob die Objekte, die Tiere produzieren, als technische Artefakte beschrieben werden können. Man ist vielleicht dazu geneigt, zu behaupten, dass bestimme Objekte technische Artefakte sind, wie zum Beispiel die Dämme, die von Bibern erbaut werden, oder die Zweige, die von Affen geformt werden, um Ameisen aus Ameisenhügeln herauszuholen. Zugleich scheinen andere Produkte, wie zum Beispiel Spinnennetze, weniger geeignete Kandidaten zu sein. Wo zieht man die Grenze?[41]

Die Idee der menschlichen Einzigartigkeit ist auch durch die Art und Weise, in der Tierleben/Tierverhalten wissenschaftlich untersucht wird, gut belegt. Sogar wenn erkannt wird, dass bestimme Arten die Verwendung von Werkzeugen an ihre Nachkommen weitergeben, dass sie ausgeklügelte Formen der Kommunikation entwickelt haben und Kultur aufweisen,[42] wird in der gegenwärtigen (kognitiven) Ethologie „Tiernatur auf Verhalten und Verhalten auf kausale Mechanismen" reduziert.[43] Diese Herangehensweise reproduziert die Idee einer

40 Vgl. Gary Steiner: *Animals and the Limits of Postmodernism.* New York: Columbia UP 2013; Weisberg: Bacteria Are People Too.

41 Pieter Vermaas / Peter Kroes / Ibo van de Poel / Maarten Franssen / Wybo Houkes: *A Philosophy of Technology. From Technical Artefacts to Sociotechnical Systems.* San Rafael: Morgan & Claypool 2011, S. 20. Übers. L. R.

42 Judith Benz-Schwarzburg: *Verwandte im Geiste – Fremde im Recht. Sozio-kognitive Fähigkeiten bei Tieren und ihre Relevanz für Tierethik und Tierschutz.* Erlangen: Fischer 2012.

43 Vgl. Dominique Lestel / Jeffrey Bussolini / Matthew Chrulew: The Phenomenology of Animal Life. In: *Environmental Humanities* 5 (2014), S. 125–148. Übers. L. R.

menschlichen Einzigartigkeit insofern, als sie „den Begriff der Umwelt auf eine extrem arme naturalistische Ökologie reduziert und damit nahelegt, dass Tiere Organismen sind, die deterministisch an ein Set von objektiven Bedingungen angepasst sind."[44] Zur selben Zeit wird die Präsenz von Menschen, die auf andere Art und Weise mit Tieren umgehen, herabgesetzt. Eine kritische Haltung gegenüber dem gegenwärtigen ethologischen Paradigma bietet das bi-konstruktivistische Paradigma an, das von Vinciane Despret und Dominique Lestel entwickelt wurde und das die phänomenologische Haltung als gegeben annimmt. In dem bi-konstruktivistischen Paradigma kann Ethologie als Wissenschaft der menschlichen Interpretation von Tierinterpretationen verstanden werden, die „die Subjektivität von Tieren und die situationsbedingte Stellung ihrer menschlichen Beobachter als gleichermaßen lebende Wesen als unumstößlich ansieht."[45] Möglicherweise entsteht dort auch ein Raum, um die Richtigkeit eines anthropozentrischen Verständnisses von Technologie und Technoscience wirklich zu hinterfragen.

Aus dem Englischen von Lisa Risch

44 Vgl. Lestel / Bussolini / Chrulew: The Phenomenology of Animal Life. In: *Environmental Humanities* 5 (2014)., S. 127. Übers. L. R.
45 Ebd., S. 128. Übers. L. R.

Imperialismus und wissenschaftliche Gewalt gegen nichtmenschliche Tiere in Britisch-Indien

Beispiele aus Zeiten der Pest (ca. 1889–1908)

Felix Eickelbeck

> Das lehrreichste und deswegen wichtigste Pestexperiment, welches sich ohne unser Zutun vor unseren Augen vollzieht, ist die Epidemie selbst, und dieses Experiment ist noch nicht zu Ende.
>
> Robert Koch[1]

Tierversuche im kolonialen Indien

Tierversuche waren Teil der kolonialen Wissensproduktion im späten 19. und frühen 20. Jahrhundert, auch wenn sie in den meisten akademischen Untersuchungen nur peripher auftauchen. In diesem Aufsatz soll, Historikern wie Pratik Chakrabarti und Christoph Gradmann sowie theoretischen Überlegungen von Vertreter_innen der sogenannten Human-Animal Studies folgend, versucht werden, nichtmenschliche Tiere, wenn auch als Opfer, zentraler in die Geschichtsschreibung über die Expansion westlicher Medizin und deren Verknüpfung mit dem Kolonialismus einzubetten und damit eine „tierliche Leerstelle" zu schließen.[2] Tierversuche spielten für das medizinische Verständnis ‚der Tropen' eine wichtige Rolle, wie aus den Diskussionen um die

1 Robert Koch: Reiseberichte über Rinderpest, Bubonenpest in Indien und Afrika, Tsetse – oder Surrakrankheit, Texasfieber, tropische Malaria, Schwarzwasserfieber (Berlin 1898). In: Ders.: *Gesammelte Werke*, hrsg. v. Julius Schwalbe, Bd. 2.2. Leipzig: Thieme 1912, S. 688–743, hier S. 705.

2 Gesine Krüger: Tiere und Imperium. Animate History Postkolonial: Rinder, Pferde und ein kannibalischer Hund. In: Dies. / Aline Steinbrecher / Clemens Wischermann (Hrsg.): *Tiere und Geschichte. Konturen einer Animate History*. Stuttgart: Steiner 2014, S. 126–152, hier S. 133. Für die Zentralität von Tierversuchen für die medizinische Bakteriologie: Christoph Gradmann: Das Maß der Krankheit. Das pathologische Tierexperiment in der medizinischen Bakteriologie Robert Kochs. In: Cornelius Borck / Volker Hess / Henning Schmidgen (Hrsg.): *Maß und Eigensinn. Studien im Anschluß an Georges Canguilhem*. München: Fink 2005, S. 71–90. Über die Bakteriologie in Indien: Pratik Chakrabarti: *Bacteriology in British India. Laboratory Medicine and the Tropics*. Rochester: University of Rochester Press 2012; ders.: Beasts of Burden: Animals and Laboratory Research in Colonial India. In: *History of Science* 48 (2010), S. 125–151.

Regulierung von Experimenten im kolonialen Indien immer wieder deutlich wird.[3] Edward Lawrie, der *residency surgeon* aus Hyderabad, lehnte 1895 in einer Diskussion über die Einschränkung von Tierversuchen (die innerhalb des Kolonialstaats seit der zweiten Hyderabad Chloroform Kommission (1889) intensiver diskutiert wurde) jegliche rechtlichen Regularien ab und vermerkte:

> There is no country in the world where experiments on animals are so singularly necessary and so sure to benefit mankind and animals also as India, and experiments ought to be encouraged in every way short of the legislative sanction of cruelty.[4]

Als Reaktion auf die massiven Tierversuche in Hyderabad, besonders an Hunden und Affen, und den daraus resultierenden Druck der Öffentlichkeit wurde die Adaption von Regularien – ähnlich dem umstrittenen englischen Gesetz aus dem Jahre 1876 – diskutiert.[5] Im Folgenden wurde in Kalkutta ein Entwurf erstellt und an die Provinzen zur Kommentierung geschickt. Der Entwurf stieß aber sowohl bei radikaleren Aktivist_innen in England und Indien, die ein grundsätzliches Verbot forderten, als auch bei den befragten Beamt_innen und Wissenschaftler_innen in den Provinzen auf Kritik. Eine der zentralen Aussagen, die das Narrativ der befragten Wissenschaftler_innen leitete,

3 National Archives of India (NAI) Home Department (H.) Medical Brach (Med.), July 1893, Nos. 49–51(A): Report of the Hyderabad Chloroform Commission; oder: NAI, H. Med., Aug. 1894, Nos. 103–121(A): The Vivisection Act, sowie NAI, H. Med., March 1896, Nos. 103–133(A): Vivisection in India, und NAI., H. Med., Feb. 1907, Nos. 17–21: Restrictions Enforced in India in Regard to Experiments on Living Animals.

4 NAI, H. Med., March 1896, Nos. 103–133(A), S. 40. Und auch 1933 wurde etwa in einem Vortrag von Sir Leonard Rogers über „What tropical Medicine owes to Animal Experiments" die Wichtigkeit von Tierversuchen im Kontext von Schlangengift und Cholera beschworen. Wiederum wurde der negative Einfluss des Aktes von 1876 beklagt: „The human Act of 1876 prevented Sir Lauder from testing is practical value on animals, and it was not until 1903 that, at Sir Lauder's suggestion, the lecturer demonstrated its value by a few experiments [...]. " (o. V.: What Tropical Medicine Owes to Animal Experiments: Stephen Paget Memorial Lecture by Sir Leonard Rogers. In: *The British Medical Journal* 2,3782 (1933),S. 18–19, hier S. 18). Über Edward Lawrie und die Hyderabad Chloroform Commission vgl. A. H. B. Masson / J. Wilson / B. C. Hovell: Edward Lawrie of the Hyderabad Chloroform Commission. In: *British Journal of Anaesthesia* 41 (1969), S. 1002–1011.

5 NAI, H. Med., July 1893, 49–51(A), S. 11. Über die Versuche: Chakrabarti: Beasts of Burden, S. 128–129. Über das Gesetz von 1876 vgl. Harriet Ritvo: Plus ça change: Anti-Vivisection Then and Now. In: *Science, Technology & Human Values* 9,2 (1984), S. 57–66.

war, dass es in Indien kaum oder keine Experimente an nichtmenschlichen Tieren gebe und dass deswegen rechtliche Einschränkungen unnötig seien.[6]

Im Folgenden soll an Hand einiger Beispiele von tatsächlich durchgeführten Versuchen zur Erforschung der Pest jedoch gezeigt werden, dass der unregulierte koloniale Raum Experimente an nichtmenschlichen Tieren grundsätzlich erleichterte und die Wissenschaftler_innen diesen auch systematisch ausnutzten.

Die Pest und nichtmenschliche Tiere

Als 1896 die Pest in Bombay ausbrach, wusste die westliche Medizin, wie Ian J. Catanach betont, nahezu nichts über die Pest, ihre Behandlung und Ausbreitung.[7] In den ersten Jahren intensivierten sich wissenschaftliche Untersuchungen, aber trotz der auch heute noch in der Medizingeschichte gefeierten wissenschaftlichen Erfolge konnte die koloniale Regierung in Indien nie eine „entirely effective plague policy“[8] entwickeln. Während in vielen Werken der Fokus auf der Handlungsmacht der Bakteriolog_innen liegt, wurde Bombay (aber auch andere Orte) im Zuge des *Epidemic Disease Act* (1897) in den ersten Jahren der Epidemie zu einem Ort intensiver staatlicher Interventionen, zu denen auch die Neuregulierung der Verantwortlichkeit für gesundheitliche und sanitäre Fragen von kommunalen Gremien zu „[...] small committees of European doctors and civil servants“[9] zählte. Auch David Arnolds Untersuchungen beschränken sich auf die Kolonisierung menschlicher Körper. Durch eine Hinterfragung des Objektstatus der Tiere wird die Inklusion nichtmenschlicher Körper in die Interventionserzählung notwendig.[10]

6 NAI, H. Med., March 1896, 103–133(A).

7 Ian J. Catanach: Plague and the Tension of Empire: India 1896–1918. In: David Arnold (Hrsg.): *Imperial Medicine and Indigenous Societies*. Manchester: Manchester UP 1988, S. 149–172, hier S. 150.

8 Ira Klein: Death in India, 1871–1921. In: *The Journal of Asian Studies* 32,4 (1973), S. 639–659, hier S. 654.

9 David Arnold: *Colonizing the Body, State Medicine and Epidemic Disease in Nineteenth-Century India*. Berkeley: University of California Press 1993, S. 204.

10 Gesine Krüger / Aline Steinbrecher / Clemens Wischermann: Animate History. Zugänge und Konzepte einer Geschichte zwischen Menschen und Tieren. In: Dies. (Hrsg.): *Tiere und Geschichte. Konturen einer Animate History*, S. 9–35, hier S. 10. Bernhard Gissibl vermerkt hierzu: „Der koloniale Herrschaftsanspruch realisierte sich

Die Deutsche Pestkommission sah in der Frage nach der „Empfänglichkeit verschiedener Thierspezies für die Infektion mit Pestbazillen" 1897 eine Frage, die „ganz hervorragende praktische Bedeutung" hatte.[11] Der ausführliche 1899 veröffentlichte Bericht kann als eine Quelle für eine Geschichte dienen, in der nichtmenschliche Tiere eine zentrale Rolle spielen. Deren Relevanz wird schon dadurch verdeutlicht, dass nicht nur elf Kisten mit wissenschaftlicher Ausrüstung mitgeführt wurden, sondern auch 60 Meerschweinchen und 24 Mäuse, „[...] damit sofort nach Ankunft mit den experimentellen Untersuchungen begonnen werden konnte."[12] Weil aber ein Teil der Tiere die Reise nicht überlebte und „[...]in Bombay überhaupt keine Exemplare dieser Thierspezies mehr aufzutreiben waren [...]," mussten die Experimente mit Meerschweinchen reduziert werden.[13]

Die Sprache des Berichts über die Experimente und die Versuchstiere ist von einer Mischung aus ethnographischer Narration und bakteriologischen und medizinischen Beschreibungen geprägt. Besonders die Erklärungen, wie die Versuchstiere erstanden und untergebracht wurden, zeigt die Verknüpfungen der Experimente, die keinesfalls systematisch und isoliert in einem Labor vonstattengingen, mit der Außenwelt.[14] Die Deutsche Pest Kommission beschrieb die Haltung ihrer Versuchstiere wie folgt:

auch über die Körper von Tieren; tierisches Handeln forderte menschliches Handeln heraus und war an der Schaffung von für den Kolonialismus als Herrschaftssystem konstitutiven sozialen und kulturellen Realitäten beteiligt." (Bernhard Gissibl: Das kolonisierte Tier: Zur Ökologie der Kontaktzonen des deutschen Kolonialismus. In: *Werkstattgeschichte* 56 (2011), S. 7–28, hier S. 9.) Vgl. Auch Chakrabarti: Beasts of Burden, S. 125.

11 Georg Gaffky / Richard Pfeiffer / Georg Sticker / Alfred Dieudonné: *Bericht über die Thätigkeit der zur Erforschung der Pest im Jahre 1897 nach Indien entsandten Kommission*. Berlin: Springer 1899, S. 281. Zur Geschichte der Kommission vgl. Wolfgang Ulrich Wachs: *Die Pestexpedition unter Leitung von Robert Koch nach Indien und Deutsch-Ostafrika 1897*, 2006 [unveröffentlicht]; Johannes W. Grüntzig / Heinz Mehlhorn: *Robert Koch Seuchenjäger und Nobelpreisträger*. Heidelberg: Spectrum 2010, Kap. „7. Kochs Reise 1896 nach Afrika, Pest-Forschung 1897 in Indien", S. 319–397.

12 Gaffky: *Bericht*, S. 3. Das Verständnis, dass die Tiere Teil der Ausrüstung waren, wird auch deutlich daran, dass sie im Verzeichnis der mitgeführten wissenschaftlichen Ausrüstungsgegenstände auftauchen, nämlich in der 12. Kiste: „Eine Kiste wie oben, 1.30 lang, 0,61m breit, 0,63 m hoch enthaltend: 60 lebende Meerschweine. 24 lebende weiße Mäuse. 1 Mikroskop von Leitz im Lederetui mit Griffen zum Transportieren als Handgepäck." (Ebd., Anlage, S. 64.)

13 Gaffky: *Bericht*, S. 287.

14 Über Labore im Kolonialismus vgl. Chakrabarti: *Bacteriology in British India*, S. 17–24.

> Von den Thierversuchen konnte die Kommission einen Theil im Laboratorium selbst ausführen. Für die hierbei in Betracht kommenden kleinen Versuchsthiere (Ratten, Mäuse u.s.w.) wurde dank der Anregung von Herrn Hankin im Hof des Bürgermeisterei-Gebäudes ein provisorischer Stall errichtet. Für die Versuche an größeren Thieren musste selbstverständlich auf andere Weise Rath geschaffen werden. Hier war es der Direktor der Veterinärschule in Bombay Veterinary-Mayor Mills, der in höchst dankenswerther Weise die Kommission förderte.[15]

Der Stall aus Bambusstäben und Matten für die größeren Tiere wurde in der Nähe des Veterinary College mit Unterstützung von James Mills und des portugiesischen Tierarztes Dr. Fernandez aufgebaut, die auch bei der Haltung der Versuchstiere halfen. Unterstützt wurden sie von einem namenlosen Gehilfen und einer „Anzahl von Kulis."[16] Während also die kleineren Versuchstiere in der Nähe der Laborräumlichkeiten im Bürgermeisterei-Gebäude, wo Bakteriologen wie Dr. Ritter und Hankin bereits arbeiteten, untergebracht wurden, blieben die größeren Tiere weiter entfernt im Stadtteil Parel.

Bei den Experimenten, die sich mit der Empfänglichkeit der Spezies für die Pest beschäftigten, wurden immer mindestens zwei Individuen einer „Thierspezies" mit vollvirulenten Pestkulturen infiziert. Nichtmenschliche Tiere, an denen Versuche gemacht wurden, waren Ratten, Mäuse, Ichneumonratten, Eichhörnchen, Meerschweinchen, Kaninchen, Pferde, Rinder, Schafe, Ziegen, Katzen, Hunde, Schweine, Tauben, Hühner, Gänse und Affen.

Ratten spielten neben Affen eine besondere Rolle, sowohl für die Geschichte der Epidemie als auch für die Experimente.[17] Das Sterben der Ratten durch die Pest sowie die systematische Tötung von Ratten als Teil der Strategie zur Bekämpfung der Krankheit stellte die deutschen

15 Gaffky: *Bericht*, S. 4–5.

16 Ebd., S. 282. Angeschlossen an das Veterinary College war ein Tierkrankenhaus der Bombay Society for the Prevention of Cruelty to Animals.

17 Wie Katherine Royer und andere Autoren zeigen, ist die historiographische Diskussion über die Verbindung von Pest und Ratten immer noch nicht abgeschlossen: Kathrine Royer: The Blind Men and the Elephant: Imperial Medicine, Medieval Historians and the Role of Rats in the Historiography of Plague. In: Poonam Bala (Hrsg.): *Medicine and Colonialism. Historical Perspectives in India and South Africa*. London: Pickering & Chatto 2014, S. 99–111; Michael McCormick: Rats, Communications, and Plague: Toward an Ecological History. In: *The Journal of Interdisciplinary History* 34,1 (2003), S. 1–23.

Wissenschaftler vor „unerwartete Schwierigkeiten“[18]. Die Kommission musste Ratten aus pestfreien Orten beziehen, da es in Bombay kaum noch „Thiermaterial zu verschaffen“ gab, was dazu führte, dass einige Versuche an Ratten nicht durchgeführt werden konnten.[19] Der Mangel an Tieren war aber nur eines der Probleme, das Verenden der Tiere durch andere Infektionen war ein weiteres: „Beispielsweise starben Mäuse nach Verimpfung von pestpneumatischem Sputum sehr oft schnell an einer Infektion durch die neben den Pestbazillen im Sputum vorhanden gewesenen Fränkelschen Diplokokken.“[20]
Die Experimente waren größtenteils sehr einfacher Art. Es wurde auf verschiedene Art versucht, ein Versuchstier mit der Pest zu infizieren. So heißt es über die Versuche mit Ratten, die aber konzeptionell identisch mit anderen Tieren waren:

> Die Thiere wurden entweder mit kleinsten Mengen von Pestkultur gefüttert, oder es wurden ihnen die Kadaver an Pest gestorbener Ratten vorgeworfen. Ein Tropfen einer Pestkulturaufschwemmung, einer Ratte mittels einer Pipette vorsichtig eingeträufelt, führte stets in 2–3 Tagen den Tod herbei. Aehnlich prompte Wirkung erzielte man, wenn man eine kleine Platinöse mit Kultur beladen den Thieren in die Maulhöhle einführte.[21]

Mit Ratten und Mäusen gab es auch komplexere Experimente:

> In einem kleinen Blechkasten wurde eine Scheidwand aus feinem Drahtgewebe gezogen; auf die eine Seite kamen 2 infizierte und 2 gesunde, auf die andere 2 gesunde Ratten. Die beiden infizierten Ratten starben in der normalen Zeit; fast zeitgleich starben auch die gesunden Ratten auf derselben Seite. Nach 8 Tagen starb auch auf der anderen Seite eine gesunde Ratte, aber nicht an Pest; eine Todesursache war nicht zu finden. Wegen Mangels an Thieren konnte dieser Versuch leider an Ratten nicht wiederholt werden.[22]

Über die Anzahl an Versuchen, die mit Mäusen und Ratten durchgeführt wurden, gibt es keine Übersicht. Im Bericht wird nur im Plural gesprochen, etwa über Mäuse: „Wir benutzten meist weiße Mäuse,

18 Gaffky: *Bericht*, S. 282. Es wurde innerhalb der Kolonialverwaltung immer wieder diskutiert, wie Ratten am besten kontrolliert werden könnten. Vgl. etwa NAI, H. San., Dec. 1901, Nos. 304–305(A); NAI, H. San., Mai 1902, Nos. 114–115. Vgl. auch Klein: Death in India, S. 654.

19 Gaffky: *Bericht*, S. 282.

20 Ebd., S. 284.

21 Ebd., S. 283.

22 Ebd., S. 285. Nahezu identische Versuche wurden auch mit Mäusen gemacht, ebd., S. 286.

seltener graue Hausmäuse, da diese schwer zu erhalten waren."[23] Anders scheint dies bei Experimenten an Eichhörnchen und Ichneumonratten gewesen zu sein, bei denen die Zahl der Tiere auf jeweils zwei beschränkt blieb. Die Experimente dienten auch der immer noch diskutierten Frage, welche Ansteckungsmöglichkeiten existierten, etwa über welche Schleimhäute, und wie sich die Empfänglichkeit durch die Art der Infektion veränderte. Die Kommission kam zu dem Schluss, „[...] daß sämtliche überhaupt untersuchten Spezies der Nagethiere für Pest empfänglich sind, doch in verschiedenem Grad."[24]

Die Versuche, „Hausthiere" zu infizieren, scheiterten, wenn die Tiere – wie etwa Pferde – doch auf die Infektion reagierten, so entwickelten die meisten nur Fieber und waren temporär geschwächt. Bei den „Vögeln" wurde durch sechs Versuche deren völlige Immunität festgestellt. Anders verhielt es sich mit den „Affen", an denen, wie die Kommission schreibt, „sehr zahlreiche" Versuche unternommen wurden und die „den Schlüssel bilden."[25] Der Sonderstatus von „Affen" wird auch dadurch deutlich, dass sie die einzigen nichtmenschlichen Tiere waren, deren Spezies näher erläutert wurden. Die Versuchstiere kauften die deutschen Forscher_innen auf dem Bazar, wo dem Bericht zufolge

> [...] hauptsächlich zwei Affenspezies in größerer Zahl vertreten [waren], ein brauner Macacus (Macacus radiatus) und eine größere graue langhaarige Art, Semnophithecus entellus, von den Hindus Hanuman genannt und als heiliger Affe verehrt.[26]

Der als Macacus radiatus beschriebenen Art wurde nach Experimenten einige Immunität zugeschrieben. So erkrankten die Tiere zwar, wenn frische Pestkultur auf skarifizierte Haut aufgetragen wurde, starben aber weder in diesem noch in einem weiteren Experiment:

> Bei einem zweiten Affen wird am linken Unterarm (Beugeseite) die Haut inzidiert und in Form einer Tasche etwas abpräpariert. In die so gebildete Tasche des Unterhautzellgewebes wird Buillonaufschwemmung frischer vollvirulenter Pestagarkultur reichlich eingeträufelt. Drei Tage darauf ist die infizierte Wunde mit einer eitrigen Kruste bedeckt, die umgebenen Weichteile sind ödematös durchtränkt, schmerzhaft.[27]

23 Ebd., S. 285.
24 Ebd., S. 288.
25 Ebd., S. 296.
26 Ebd.
27 Ebd., S. 297.

Allerdings wurde durch subkutane Injektion ein Makake tödlich infiziert. Die Kommission folgerte daraus: „Es kam nun darauf an, die infektiöse Wirkung der Pestbakterien auf die Affen so zu sondieren, daß sie für quantitative Prüfungen aktiver und passiver Immunität brauchbar wurden.“[28] Dafür wurden systematisch zahlreichen Affen abgemessene Pestkulturen injiziert, um zu testen, ab welcher Stärke einer Dosierung sie starben.

Die andere Art – Semnopithecus entellus – sei sehr pestempfindlich und die Versuchstiere stürben schon, wenn offene Wunden mit Pestbakterien in Verbindung kämen, und eigneten sich daher weniger für die Experimente.[29] Die Ergebnisse der Kommission waren zwar einflussreich, aber nicht abschließend und folglich nicht unumstritten.[30] Captain W.G. Liston hinterfragte 1905, ob es sich bei den Versuchstieren der Deutschen Kommission wirklich um Semnopithecus entellus handelte. Er schrieb:

> [T]here can be little doubt that the brown monkey they used was Maccacus rhesus and their grey monkey Maccacus radiatus now known as Maccacus sinicus. The monkey Semnopethecus entellus *sic*], is the sacred monkey of India, „the langur“. This monkey can seldom be bought in the market in Bombay and is expensive.[31]

Das Hinterfragen der Ergebnisse von Experimenten mit Versuchstieren war freilich keine Seltenheit. Prof. William John Simpson untersuchte 1903 in Hong Kong immer noch dieselbe Frage.[32] Er kam überraschend und im Gegensatz zur Deutschen Pest Kommission im Anschluss an seine Experimente zu dem Schluss, dass „[t]he experiments undertaken demonstrate that pigs, calves, buffaloes, sheep, hens, ducks, geese, turkeys, and pigeons are, in addition to rats, susceptible to plague, and particularly so when fed with plague material.“[33]

Im Anschluss daran wurde in Indien versucht, diese Ergebnisse zu duplizieren. In Bombay übernahm William Burney Bannerman, der

28 Gaffky: *Bericht,* S. 297.

29 Ebd., S. 299.

30 Spätere Untersuchungen beziehen sich dennoch auf den Bericht, vgl. Bannerman: *Report on Experiments*, S. 214; Frank G. Clemow: Remarks on Plague in the Lower Animals. In: *The British Medical Journal* 1,2055 (1900), S. 1141–1146, S. 1216–1219.

31 NAI, H. San., May 1905, No. 83(A), S. 19.

32 William John Simpson: *Report on the Causes and Continuance of Plague in Hongkong and Suggestions as to Remedial Measures.* London: Waterlow & Sons 1903.

33 Ebd., S. 8.

Director-in-Chief des Plague Research Laboratory, diese Aufgabe.[34] Für die Experimente wurde erneut versucht, vier Schweine, vier Truthähne, zwei Kälber, vier Gänse, vier Hühner und vier Enten mit der Pest zu infizieren. Auch hier unterlagen die Versuche praktischen Einschränkungen:

> Buffaloes were not experimented with owing to difficulty in procuring a specimen, but as these animals swarm in Bombay City and are valuable property, it is certain that plague amongst them would [...] have been reported.[35]

Keines der Versuchstiere starb an der Pest, aber auch hier verendete eine Reihe von Versuchstieren in der Gefangenschaft: Zwei Hühner, drei Truthähne, zwei Gänse und eine Ente starben, die meisten – wie vermutet wurde – an „chicken cholera".[36] Der Bericht warf Professor Simpson vor, dass seine Versuchstiere teilweise schon krank waren und sich durch die enge Haltung gegenseitig mit „hog-cholera" angesteckt hätten.

Während die Wissenschaftler_innen auch 1906 immer noch vermeldeten, dass es eigentlich keine Experimente mit Tieren gäbe,[37] so hat diese kleine Auswahl an Pestexperimenten während der Pestepidemie gezeigt, dass sich Wissenschaftler_innen die unbürokratische Versorgung mit Versuchstieren, besonders den wertvollen Affen, die für die medizinischen Untersuchungen essentiell waren, in der Kolonie Indien zunutze machten. Die Wissenschaftler_innen konnten die Debatten dabei soweit beeinflussen, dass bis zur Unabhängigkeit Indiens im Jahr 1947 kein allgemeines Gesetz zur Regulierung von Tierversuchen verabschiedet werden konnte.

34 NAI, H. San., Jan. 1905, Nos. 71–74(A), sowie William Burney Bannerman / R. J. Kápadiâ: XXVII. Report on Experiments Undertaken to Discover Whether the Common Domestic Animals of India are Affected by Plague. In: *Journal of Hygiene* 8,2 (1908), S. 209–220.

35 NAI, H. San., Jan. 1905, Nos. 71–74(A), S. 13.

36 Ebd., S. 10–11.

37 NAI, H. Med., Aug. 1907, Nos. 43–57(A).

Der Tierversuch als medikalisierte Praxis

Über diskursive Legitimations- und Delegitimationsstrategien des Lawinenexperiments

Larissa Deppisch

2010 planten Wissenschaftler_innen der Medizinischen Universität Innsbruck, 29 Schweine im Schnee zu verschütten und die körperlichen Folgen der Erfrierung oder Erstickung zu untersuchen. Aufgrund des öffentlichen Drucks von Tierschutzgruppen wurde das Vorhaben letztendlich abgebrochen.[1] In meinem Beitrag werde ich den damit einhergehenden diskursiven Deutungskonflikt genauer betrachten und untersuchen, inwiefern es sich bei dem „Lawinenexperiment“[2] um eine medikalisierte Praxis handelt, dessen Status als solche mit der Legitimation des Tötens verbunden ist. Hierbei knüpfe ich an das Medikalisierungskonzept Peter Conrads an und greife auf einzelne Analysewerkzeuge der Diskursanalyse Michel Foucaults zurück.

1. Medikalisierung

Conrad bezeichnet mit *Medikalisierung* einen bestimmten sozialen Prozess.[3] Ein zentraler Aspekt dieses Konzepts, an welchen ich anknüpfe, ist, dass hierbei eine Verhaltensweise, ein psychischer oder auch ein körperlicher Status in professionell-medizinische Begrifflichkeiten gefasst, medizinisch definiert und dem medizinischen Feld zugeschrieben sowie von diesem verstanden, behandelt und vereinnahmt wird. Mit der Medikalisierung eines Vorgangs geht in der Regel auch die institutionelle Übernahme der anfallenden Kosten einher.

1 Vgl. Tödliches Experiment mit Schweinen empört Tierschützer. In: *Sächsische Zeitung*, 16./17.01.2010, S. 32; Die Sau ist vom Eis. In: *SZ*, 17.05.2010. http://www.sueddeutsche.de/wissen/tierversuch-in-oesterreich-die-sau-ist-vom-eis-1.65678 (Zugriff am 16.05.2016).

2 Oliver Creutz: So werden die Schweineversuche gerechtfertigt. In: *Die Welt*, 25.02.2010. http://www.welt.de/wissenschaft/article6556775/So-werden-die-Schweineversuche-gerechtfertigt.html (Zugriff am 16.05.2016).

3 Vgl. Peter Conrad: *The Medicalization of Society. On the Transformation of Human Conditions in Treatable Disorders.* Durham: John Hopkins UP 2007, S. 5, 7.

Eine Verhaltensweise ist beispielsweise dann medikalisiert, wenn diese als ‚Krankheit' oder ‚Symptom' bezeichnet und anerkannt wird, also einer medizinischen Diagnose unterzogen wurde. Allerdings geht die Medikalisierung weit über die soziale Konstruktion von Krankheiten als solchen hinaus. So schildert Conrad verschiedene alltägliche Lebensprozesse – obwohl keine Krankheit – als medikalisiert, wie etwa die Stimmung oder auch Geburtenkontrolle und sogar das Sterben.[4] Daran anschließend fasse ich unter medikalisierten Phänomenen all jene Lebensprozesse, welche von der Medizin allgemein vereinnahmt werden. Dies betrifft somit auch die medizinische Forschung, die in der Schnittmenge der Felder Medizin und Wissenschaft verortet ist.

Bei der Analyse der Medikalisierung geht es nicht etwa um die Frage, ob das Medikalisierte *wirklich* ein medizinisches Problem ist, denn einen natürlichen oder ursprünglichen Wahrheitsgehalt gibt es bekanntlich nicht. Medizinisch zu sein, ist demnach immer auch ein diskursiver Effekt der Medikalisierung, eine gesellschaftliche Konstruktion, die der Veränderung unterworfen ist. So ist es möglich, dass ein Zustand *de*medikalisiert und somit dem professionell-medizinischen Feld entzogen wird.[5] Jedoch sieht Conrad nicht nur zwei Extreme, sondern auch Abstufungen der Medikalisierung. Eine Hemmung der Medikalisierung äußert sich beispielsweise in der Begrenzung der institutionellen Kostenübernahme oder dadurch, inwiefern verschiedene Definitionen eines Vorgangs miteinander konkurrieren, sowie durch den Entzug der Unterstützung in der medizinischen Profession.[6] Etwas wird also im Rahmen einer kollektiven Praxis medizinisch ge*macht*.[7]
Das Medikalisierungskonzept dient hier insbesondere deshalb als passendes Analyseinstrument, da es gesellschaftliche (De-)Legitimationsprozesse aufzeigt, die mit Statuswechseln hinsichtlich des Medizinischen einhergehen. So sind beispielsweise Fehlzeiten im Rahmen der Lohnarbeit aufgrund von Schlafmangel nur dann legitim, wenn dieser einen medikalisierten Status (etwa als *Insomnie*) innehat. Erst in diesem Fall setzt ein zumindest zeitweiliger arbeitsrechtlicher Schutz ein. Wird der Schlafmangel demedikalisiert, so gilt die leistungsschwache Person lediglich als Taugenichts.

4 Vgl. ebd., S. 6.

5 Zum Beispiel Homosexualität.

6 Vgl. Conrad: *The Medicalization of Society*, S. 4, 7.

7 Vgl. ebd., S. 5, 9.

2. Diskursanalyse

Um zu definieren, was Foucault unter einem Diskurs versteht, ist es notwendig, auf die Differenzierung zwischen Äußerung und Aussage einzugehen. Eine Äußerung ist eine Abfolge von Zeichen, welche von einem Individuum in Form eines Akts der Formulierung ausgesprochen oder niedergeschrieben wird. Sie ist räumlich und zeitlich fest verankert und kann nicht wiederholt werden.[8] Die Aussage hingegen ist das, was durch die Äußerung transportiert wird, kurz gesagt: der Sinn.[9] Oder auch: „eine Existenzfunktion, die den Zeichen eigen ist und von der ausgehend man dann durch die Analyse oder die Anschauung entscheiden kann, ob sie einen ‚Sinn ergeben' oder nicht"[10]. Ob verschiedene Äußerungen dieselbe Aussage vermitteln, hängt von der Beziehung der Zeichenabfolge zu einem spezifischen Bezugsrahmen, den die Aussagefunktion herstellt, ab. Es ist also durchaus möglich, eine Aussage zu wiederholen,[11] sogar in Form von verschiedenen Äußerungen, solange der Informationsgehalt und die Verwendungsmöglichkeiten dieselben sind.[12]

Für die Diskursanalyse ist es von großer Bedeutung zu untersuchen, „auf welche Weise sie [die Aussagen] existieren, was es für sie heißt, manifestiert worden zu sein, [...] erschienen zu sein – und daß keine andere an ihrer Stelle erschienen ist."[13] Es kann also nicht zu jeder Zeit von jeder Person alles Mögliche gesagt werden.[14] Vielmehr sind im historischen Rückblick (sich durchaus verändernde) Bereiche des Sagbaren festzustellen, also eine Reihe von Aussagen, welche zu einem bestimmten Zeitpunkt in einem bestimmten geografisch begrenzten Gebiet als wahr anerkannt werden, akzeptiert sind und somit an die Oberfläche des Diskurses vordringen.[15] Unter einem *Diskurs* versteht Foucault schließlich die Gesamtheit aller effektiven Aussagen.[16]

8 Vgl. Michel Foucault: Archäologie des Wissens. In: Ders.: *Die Hauptwerke.* Frankfurt am Main: Suhrkamp 2013, S. 471–699, hier S. 571, 582.

9 Vgl. ebd., S. 565.

10 Ebd.

11 Vgl. ebd., S. 586.

12 Vgl. ebd., S. 585–586.

13 Ebd., S. 591.

14 Vgl. ebd., S. 520,

15 Vgl. Michel Foucault: *Was ist Kritik?* Berlin: Merve 1992, S. 32.

16 Foucault: Archäologie, S. 500.

Dabei sind Spekulationen über das Nicht-Gesagte oder Interpretationen weniger von Bedeutung, vielmehr bezieht sich die Diskursanalyse auf die „Beschreibung der gesagten Dinge, genau insoweit sie gesagt worden sind."[17]

Im Diskurs gibt es kein Subjekt, welches eine Aussage tätigt. Vielmehr weist die Aussage(funktion) dem Subjekt einen „leere[n] Platz"[18] zu, welchen die individuellen Autor_innen der Äußerungen, welche die Aussage transportieren, einnehmen. „Wer spricht"[19] ist dennoch von Relevanz, da die Äußerungen bestimmter Personen mehr Gewicht haben als die anderer. Nicht jede Äußerung wird gleich häufig rezipiert. Nicht jede wird gleich bewertet, akzeptiert oder als wahr angenommen, was auch auf den institutionellen Kontext der Autor_innen zurückzuführen ist.[20] Deshalb werde ich die mit den Autor_innen verketteten Institutionen herausarbeiten sowie die sich formierenden Aussagen bzw. Aussagegruppen mit ihren jeweiligen charakteristischen Kernbegriffen.

Die Diskurstheorie Foucaults ist deshalb passend für mein Unterfangen, da hiermit der Tierversuch nicht als natürliches Objekt, welches der Diskurs nur aufgreift und sprachlich repräsentiert, behandelt wird. Vielmehr ist es der Diskurs selbst, „das Spiel der Regeln, die während einer gegebenen Periode das Erscheinen von Objekten möglich machen"[21]. Gerade die Veränderung gesellschaftlich anerkannter Wahrheiten kann mit dieser Theorie angemessen untersucht werden, wobei Foucault nicht von der Existenz allgemein objektiver Wahrheiten ausgeht. Wahrheiten sind vielmehr flexibel und Effekte zahlreicher Praktiken und Diskurse.

Um mit der Analyse zu beginnen, ist es unabdinglich, eine Auswahl aus den vorhandenen textlichen Beiträgen zum interessierenden Thema zu treffen. Foucault sieht es diesbezüglich als sinnvoll an, einen Diskursbereich auszuwählen, „in dem die Relationen womöglich zahlreich, gedrängt und relativ leicht zu beschreiben sind"[22].

17 Ebd., S. 591.
18 Ebd., S. 574.
19 Ebd., S. 526.
20 Vgl. ebd.
21 Ebd., S. 506.
22 Ebd., S. 503.

3. Ergebnisse

Aus meiner dem Forschungsprozess vorangegangenen Sichtung einiger Artikel geht hervor, dass die diskursive Auseinandersetzung um die Praxis des „Lawinenexperiments“ den Zusammenprall zweier Felder – medizinische Wissenschaft und Tierschutz – darstellt. Um eine Materialgrundlage zu bestimmen, die möglichst viele Beiträge enthält, ist es deshalb sinnvoll, bei der Auswahl der Artikel nicht auf Spezialdiskurse, sondern auf den populär-medialen Diskurs zurückzugreifen. Dieser beinhaltet beide Aussagegruppen und verspricht somit, eine Quelle zahlreicher Relationen zu sein. Das Materialkorpus setzt sich aus Artikeln des populär-medialen Diskurses zusammen, die im unmittelbar an das Ereignis anschließenden Jahr und im deutschsprachigen Raum erschienen sind. Bei der Auswahl der Artikel ist die Zitierfähigkeit ein entscheidendes Kriterium, sodass nur Artikel seriöser Quellen (Zeitungen) aufgenommen wurden.

Insgesamt kristallisieren sich drei Aussagegruppen aus dem untersuchten Diskurs heraus. Die erste Gruppe beinhaltet all jene Aussagen, welche den Vorgang des Verschüttens von 29 lebenden Schweinen unter Schneemassen sowie die Beobachtung dieser Lebewesen „beim langsamen Ersticken und Erfrieren“[23] in der Nähe des österreichischen Bergdorfes Vent[24] als medizinischen Vorgang konstruieren. So handelt es sich nicht um irgendwelche Personen, die etwa einfach so ein paar Schweine in den Tod schicken und gespannt ihr Verenden verfolgen. Es sind Personen, die medizinisch-wissenschaftlichen Institutionen zugeordnet werden, die in der Legitimation der Tötung eine zentrale Rolle spielen. Es sind Personen, die als „Wissenschaftler“[25], „Forscher“[26] oder auch „Studienleiter“[27] und „Notfall*mediziner*“[28] betitelt werden.

Auch der Vorgang selbst wird in medizinische Begrifflichkeiten gefasst: Es handelt sich trotz einiger Ähnlichkeiten nicht etwa um eine Schlachtung oder ein religiöses Ritual, sondern um ein

23 Forscher begraben lebendige Schweine im Schnee. In: *Badische Zeitung*, 15.01.2010, S. 10.

24 Vgl. Harro Albrecht: Schweine, kalt. In: *Die Zeit*, 21.01.2010, S. 34.

25 Tödliches Experiment.

26 Forscher begraben lebendige Schweine.

27 Ebd.

28 Schweine in der Schneelawine. Umstrittener Tierversuch. In: *SZ*, 17.05.2010. http://www.sueddeutsche.de/wissen/umstrittener-tierversuch-schweine-in-der-schnee lawine-1.76296 (Zugriff am 16.05.2016), Herv. L. D.

„Experiment“[29], einen „Versuch“[30], welcher im Rahmen einer „Studie“[31] „Erkenntnisse“[32] hervorbringen soll. Des Weiteren wird nicht davon gesprochen, 29 Individuen aufzuschlitzen und Körperteile herauszuschneiden. Vielmehr werden „Versuchstieren“[33] „Gewebeproben“[34] entund „Temperatur*messungen*“[35] vorgenommen.

Der Tötungsvorgang ist sowohl in medizinisch-wissenschaftliche als auch politische Institutionen eingebettet. So sei die Studie von der Medizinischen Universität Innsbruck[36] durchgeführt worden und das österreichische Wissenschaftsministerium für die Genehmigung des Versuchs zuständig gewesen.[37]

Dass die beabsichtigte Tötung von 29 Schweinen im wissenschaftlichen Rahmen nur ein Vorfall unter vielen sei, macht die *Süddeutsche Zeitung* deutlich, wenn sie anführt, dass „[laut] amtlicher Statistik [...] in Deutschland im Jahr 2007 über 16000 der Paarhufer für die Wissenschaft [starben].“[38] Diese Aussage hat demnach einen *normalisierenden* Effekt.

Die Einbettung des Tötungsvorgangs in ein medizinisch-professionelles Vokabular, die Definition als medizinisch-wissenschaftlich sowie die medizinisch-institutionelle Vereinnahmung machen den Tötungs- und Beobachtungsvorgang zu einer medikalisierten Praxis. Ob die anfallenden Kosten institutionell übernommen werden, bleibt aufgrund der Datenlage letztendlich unklar. Eine potenzielle Einschränkung der institutionellen Kostenübernahme stellt jedoch lediglich eine Hemmung der Medikalisierung dar, die dennoch Bestand hat.

29 Tödliches Experiment.

30 Forscher begraben lebendige Schweine

31 Albrecht: Schweine, kalt.

32 Forscher stoppen Tierversuche mit Schweinen. In: *Die Welt*, 14.01.2010. http://www.welt.de/wissenschaft/tierwelt/article5848410/Forscher-stoppen-Tierversuche-mit-Schweinen.html (Zugriff am 24.11.2014); Versuch mit Schweinen im Schnee abgebrochen. In: *FAZ*, 16.01.2010, S. 9.

33 Albrecht: Schweine, kalt.

34 Tödliches Experiment; Arme Schweine. Forscher begraben Tiere lebendig unter Schnee – Versuch abgebrochen. In: *Die Welt Kompakt*, 15.01.2010, S. 32.

35 Charité-Mediziner verteidigt Tierversuch. In: *Berliner Zeitung*, 16.01.2010. http://www.bz-berlin.de/artikel-archiv/charite-mediziner-verteidigt-tierversuch (Zugriff am 24.11.2014), Herv. L. D.

36 Vgl. Tödliches Experiment.

37 Ebd.

38 Schweine in der Schneelawine.

Der Tierversuch ist also kein naturgegebenes Verhalten von Menschen, sondern wird durch eine Reihe von Praktiken (so auch durch den Diskurs) als solcher *produziert*. Ob und wie entscheidend die Medikalisierung für die Legitimation der Tötung ist, werde ich im Folgenden untersuchen.

Die zweite Aussagegruppe umfasst die Aussagen, welche den Status der Medikalisierung des Lawinenexperiments angreifen. Die Äußerungen, welche eine Kritik des Versuchs vermitteln, sind verschiedenen Organisationen, wie etwa dem Tierschutzverein Österreich[39], den Parteien SPÖ und den Grünen[40] oder auch der österreichischen Bergrettung[41], zuzuordnen. So habe der Lawinenversuch landesweit[42] „Entsetzen“[43], „Abscheu und Empörung“[44] ausgelöst und auf der Forschungsgruppe habe „öffentlicher Druck“[45] gelastet. Sie seien „von allen Seiten“[46] angegriffen, „attackiert“[47] worden und hätten sich gezwungen gesehen, den „[umstrittenen] Tierversuch“[48] zu „verteidige[n]“[49]. Es handelt sich also um einen folgenreichen diskursiven Konflikt.

Diese Aussagegruppe charakterisiert sich zum einen durch das Infragestellen der ethischen Vertretbarkeit des Lawinenversuchs[50] und das Betonen des drastischen Ausmaßes des Leidens der Schweine beim „langsamen Ersticken und Erfrieren“[51]. Der Vorgang wird somit zur „Tierquälerei“[52] diskursiv hergestellt. Des Weiteren wird die Relation von 29 geplanten Schweinetoden zu 26 menschlichen Lawinentoten pro Jahr in Österreich als unangemessen betrachtet.[53]

39 Vgl. Albrecht: Schweine, kalt.

40 Vgl. Schweine werden nicht lebend im Schnee begraben. Tierversuch abgebrochen. In: *FAZ*, 14.01.2016, http://www.faz.net/aktuell/gesellschaft/tierversuch-abgebrochen-schweine-werden-nicht-lebend-im-schnee-begraben-1651648.html (Zugriff am 24.11.2014).

41 Vgl. Forscher stoppen Tierversuche.

42 Vgl. Tödliches Experiment.

43 Forscher begraben lebendige Schweine.

44 Charité-Mediziner.

45 Forscher begraben lebendige Schweine.

46 Schweine werden nicht lebend im Schnee.

47 Albrecht: Schweine, kalt.

48 Schweine in der Schneelawine.

49 Schweine werden nicht lebend im Schnee.

50 Vgl. Tödliches Experiment.

51 Forscher stoppen Tierversuche.

52 Charité-Mediziner.

53 Vgl. Tödliches Experiment.

Zum anderen ist das Anzweifeln der Wissenschaftlichkeit und der Notwendigkeit des Vorgangs für den medizinischen Fortschritt ein zentrales Moment. So wird die Praxis als Anwendung von „sonderbaren Methoden“[54] bezeichnet und der Nutzen des Versuchs gänzlich angezweifelt: Das Wissen um die Überlebensdauer eines verschütteten Schweins werde keine_n Lawinenverschüttete_n retten.[55] Darüber hinaus seien die medizinischen Ursachen des Verschüttungstodes sowie die Dauer bereits bekannt und die Alternative biete sich an, „das Geld [...] zielführender für Lawinensuchgeräte und die Aufklärung von Wintersportlern“[56] zu verwenden. Nicht die medizinisch-wissenschaftliche Erkenntnis zum Wohle der Bevölkerung, sondern die „Profilierung von Wissenschaftlern“[57] sei der tatsächliche Zweck.

Die diskursive Delegitimationsstrategie, welche durch eine Reihe heterogener Institutionen, von Tierschutzorganisationen über politische Parteien bis hin zur Bergrettung, geformt wird, bettet den Vorgang in nicht-medizinisch-wissenschaftliche Begrifflichkeiten wie *Tierquälerei* und spricht den Versuchsmethoden ihre Normalität und Sinnhaftigkeit ab. Darüber hinaus wird die Stellung der Kosten angegriffen, indem die für den Lawinenversuch vorgesehenen Gelder anderweitig investiert werden sollen, sowie der sofortige Abbruch des Versuchs gefordert.[58] Durch diesen Widerstand (hier in Form diskursiver Praktiken) wird der Lawinenversuch folgenreich *problematisiert.*

Die Äußerungen der dritten Aussagegruppe werden wiederum von medizinisch-wissenschaftlichen und den Versuch genehmigenden Institutionen getätigt – mit dem Effekt, den Vorgang möglichst im medikalisierten Status zu halten. Die sich daraus formende Legitimationsstrategie reagiert auf die Infragestellung der ethischen Vertretbarkeit mit zwei Aspekten: Zum einen mit der Versicherung, dass das Leiden der Schweine durch eine Narkose vor der Verschüttung minimiert[59] und die „kleinstmögliche Zahl von Tieren“[60] getötet werde, und

54 Charité-Mediziner

55 Vgl. Albrecht: Schweine, kalt.

56 Forscher stoppen Tierversuche.

57 Forscher begraben lebendige Schweine.

58 Vgl. Schweine werden nicht lebend im Schnee.

59 Vgl. Test mit Schweinen im Schnee abgebrochen. In: *Berliner Zeitung*, 15.01.2010, S. 32.

60 Forscher begraben lebendige Schweine.

zum anderen mit der wertenden Relation menschlicher Leben zu tierlichen Leben, wobei menschliche prinzipiell als höherwertig bemessen werden: „Wenn aber Menschen unter Schnee verschüttet werden, zählt allein deren Rettung“[61].

Darüber hinaus charakterisiert sich die Strategie durch die Stärkung der medizinisch-wissenschaftlichen Rahmung des Vorgangs. Der Versuch sei „wissenschaftlich sinnvoll“[62] und könne noch „viele offene Fragen“[63] beantworten. Der „[mageren] Datenlage“[64] soll durch die institutionelle Produktion von Wissen ein Ende bereitet werden. Außerdem sei der Lawinenversuch alternativlos: „Das Zusammenwirken von Kälte und Sauerstoffmangel [...] könne nur am lebenden Organismus getestet werden“[65]. Schweine seien aufgrund ihrer biologisch-physiologischen Anatomie ein angemessener Menschenkörperersatz.[66] Des Weiteren wurde stets auf die ordnungsgemäße Einreichung und Genehmigung des Forschungsprojekts durch das österreichische Wissenschaftsministerium verwiesen, welches als Körperschaft hier die Aufgabe hat, dem Vorgang offiziell-institutionell dessen Wissenschaftlichkeit zu attestieren.[67]

Schließlich ist der Versuch anzuführen, die Tötung von Schweinen im Rahmen des Lawinenexperiments zu legitimieren, indem auf die *Normalität* des Tötens von Schweinen in der (europäischen) Gesellschaft einerseits konkret in der Forschung und andererseits im Verhältnis des Versuchs zur allgegenwärtigen Schlachtung von Schweinen hingewiesen wird: „Normalerweise hat der Mensch wenig Probleme damit, ein Schwein zu töten.“[68] Man könne nicht „in dem einen Fall von Tierquälerei sprechen, während der andere gängige Praxis ist“[69]. Die Anzahl

61 Magdalena Hamm: Die Wahl der Qual. Tierversuche in der Lawinenforschung. In: *Die Zeit*, 20.03.2010. http://www.zeit.de/wissen/gesund-heit/2010-03/schweine-im-schnee (Zugriff am 08.12.2014).

62 Forscher stoppen Tierversuche.

63 Albrecht: Schweine, kalt.

64 Ebd.

65 Forscher stoppen Tierversuche.

66 Vgl. Schweine in der Schneelawine; Schwein gehabt. In: *SZ*, 26.10.2010. http://www.sueddeutsche.de/wissen/tierversuche-schwein-gehabt-1.945843 (Zugriff am 08.12.2014).

67 Vgl. Forscher begraben lebendige Schweine; Hamm: Die Wahl der Qual.

68 Tödliches Experiment.

69 Hamm: Die Wahl der Qual.

der Lawinenschweine wirke „sogar lächerlich klein, verglichen mit den 50 Millionen Schweinen, die pro Jahr in Stücken auf deutschen Tellern landen."[70]

Die herausgearbeiteten Aussagen der ersten und dritten Gruppe stehen mit den Aussagen der zweiten Gruppe im unvereinbaren Widerspruch. Es liegt ein diskursiver Deutungskonflikt um die im Zentrum stehende Praxis vor – also, ob diese ein Erkenntnis bringendes medizinisch-wissenschaftliches Experiment oder sinnlose Tierquälerei sei. Darüber hinaus geistert ein generelles Unbehagen durch den Diskurs: Tierversuche seien ein „‚sensibles Thema'"[71], so das österreichische Wissenschaftsministerium, das von diesem auch als solches behandelt werde, und der Tierschutzreferent der Tiroler Landesregierung wolle von dem Versuch nichts gewusst haben.[72] Andererseits sei das Strafverfahren gegen drei der Forscher_innen eingestellt worden, da laut österreichischer Staatsanwaltschaft keine Tierquälerei vorliege.[73] Das Lawinenexperiment wird somit zu einer Momentaufnahme des diskursiven Deutungskonflikts um die Frage: Unter welchen Umständen hat eine Gesellschaft das Recht zu töten? Im Rahmen des Lawinenexperiments ist das Töten von Schweinen solange legitim, wie der Vorgang zur medizinischen Forschung zwecks menschlichem Nutzen zählt. Ist dies nicht gegeben, so gerät dieses Recht zu töten ins Wanken.

4. Fazit

Die Analyse des diskursiven Moments rund um das Lawinenexperiment brachte drei Aussagegruppen hervor, wobei die erste und dritte dem medizinisch-wissenschaftlichen Feld und die zweite dem Feld des Tierschutzes zuzuordnen sind. Die medizinisch-institutionell gerahmten Aussagen der ersten Gruppe bringen die zentrale Praxis als medikalisierten Vorgang, als Tierversuch, hervor und zeichnen sich durch die Kernbegriffe ‚Wissenschaft', ‚Mediziner', ‚Proben' und ‚Messungen' aus. Die dritte Aussagegruppe deckt sich hinsichtlich Institutionen und Kernbegriffen mit der ersten und ist insofern eine Ergänzung, die vor allem die Legitimationsstrategie des Tötens zur Aufrechterhaltung des medikalisierten Status beinhaltet.

70 Tödliches Experiment.

71 Ebd.

72 Vgl. Forscher begraben lebendige Schweine.

73 Vgl. Hamm: Die Wahl der Qual.

Die zweite Aussagegruppe hingegen greift die bereits gefallenen Kernbegriffe zwar auf, stellt sie aber in ein anderes Licht. Die Methoden werden als ‚sonderbar' bezeichnet, das Vorhaben sei ‚nicht wissenschaftlich', sondern diene der ‚Profilierung' der ‚Mediziner'. Die sich daraus formierende und durch heterogene politische Institutionen geäußerte Delegitimationsstrategie produziert den Vorgang primär als *Tierquälerei* und stellt dabei den medikalisierten Status in den Hintergrund und infrage. Der Status der Medikalisierung hat sich somit als der entscheidende Dreh- und Angelpunkt der (De-)Legitimationsstrategie des Tötungsvorgangs erwiesen, womit sich der Tierversuch als flexible Wahrheit entpuppt, die durch die Problematisierung ins Wanken gerät.

Die Legitimationsstrategie eröffnet hinsichtlich des gesellschaftlichen Mensch-Tier-Verhältnisses ein Paradox: Einerseits wird den 29 Schweinen (als Versuchs*tieren*) eine physiologische Ähnlichkeit attestiert, die sie zu angemessenen Menschenalternativen macht. Sogar ein Bewusstsein, welches durch die Narkose ausgeschaltet werden soll, wird ihnen zugesprochen.[74] Andererseits – und das wird nicht begründet – sind sie *die Anderen*, so verschieden vom Menschen, dass sie diesem in ihrem Wert untergeordnet und mit einem anderen moralischen Standard beurteilt werden: Es sei legitim, ihre Leben für die medizinisch-wissenschaftliche Erkenntnis zum Nutzen des Menschen zu opfern. Der Legitimationsstrategie wohnt demnach ein strikter Mensch / Tier-Dualismus inne.

Die Grenzen dieser Untersuchung liegen auf mehreren Ebenen: Zum einen ist es der Diskursanalyse weder möglich, den materiellen noch den nicht-textualen Moment zu erfassen, sodass die 29 Schweine etwa hier als passive und stumme Gesellschaftsmitglieder erscheinen. Zum anderen bezieht sich das Ergebnis zunächst lediglich auf diesen hier spezifisch untersuchten Tierversuch. Ob es auf andere Tierversuche übertragbar ist, ist weiterführend zu untersuchen.

74 Vgl. Hamm: Die Wahl der Qual.

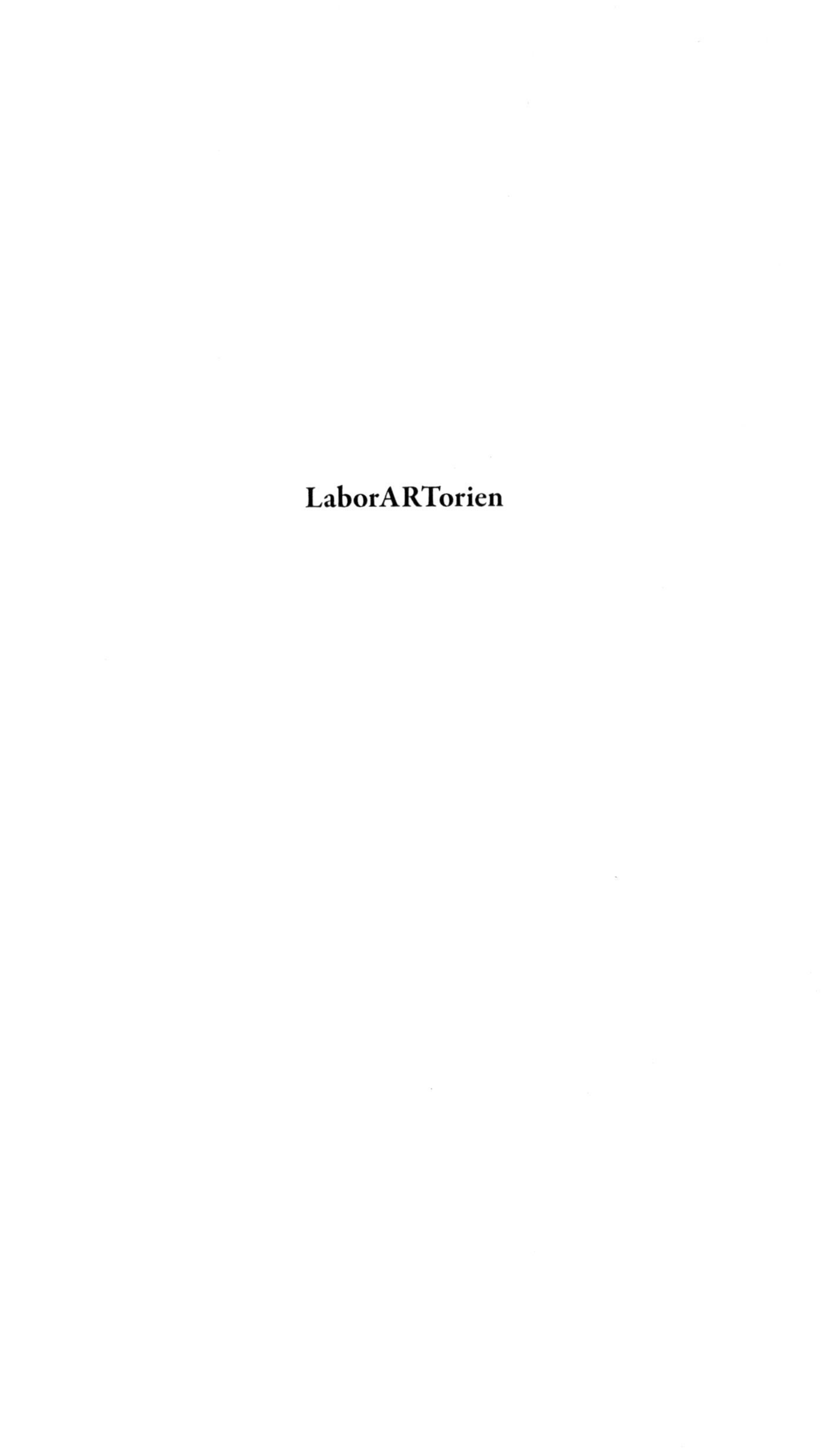

LaborARTorien

Victor Hugos *Kraken* (1866–1869)

Ein Tierbildexperiment

Andrea Haarer

Der französische Schriftsteller Victor Hugo (1802–1885) zeichnete, kritzelte und kleckste auf Tausenden von kleinformatigen Papieren. Parallel zum Schreiben gehörte das Bildermachen zu Hugos künstlerischer Arbeitspraxis.[1] In den 1860er Jahren setzte sich Hugo im Schreiben und im Bildermachen künstlerisch mit dem Kraken auseinander: Er arbeitete an einer Beschreibung des Kraken für seinen Roman *Les Travailleurs de la mer* (*Die Arbeiter des Meeres*, Paris 1866) und probierte sich an verschiedenen Bildern des Kraken. Die folgenden Seiten konzentrieren sich in einem Close Reading auf das Machen des Bildes eines amorphen und wabernden Kraken aus den späten 1860er Jahren.[2] Das Machen dieses Krakenbildes zu untersuchen, bedeutet, zunächst anhand von Katalognotizen, konservatorischen Berichten und künstlerischer Forschung die Prozesse der Bildherstellung mit ihren Materialien, Instrumenten und Handgriffen nachzuvollziehen. Hugo gebrauchte für dieses Krakenbild ein einfaches, kleinformatiges, fein geripptes Papier (237 x 206 mm).[3] Auf diesem Papier arbeitete er mit Tinten und nicht-wasserlöslichen Pigmenten. Kunsttechnologisch ist nicht analysiert, welche Tinten und Pigmente Hugo benutzte. Vielleicht gebrauchte er Chinatusche.[4] Hugo lavierte das Papier unregelmäßig

1 Johanna Schiffler: Metamorphosen am Himmel. Victor Hugo und Lukrez. In: Ulrike Feist / Markus Rath (Hrsg.): *Et in imagine ego. Facetten von Bildakt und Verkörperung.* Festgabe für Horst Bredekamp. Berlin: Akademie 2012, S. 139–153, hier S. 140; Pierre Georgel: The Artist in Spite of Himself. In: Ann Philbin / Florian Rodari (Hrsg.): *Shadows of a Hand. The Drawings of Victor Hugo.* Ausstellungskatalog. New York: The Drawing Center 1998, S. 13–20, hier S. 20.

2 *Pieuvre* (Krake), 1860er Jahre. Paris, Bibliothèque nationale de France. Manuscrits, NAF 13355, fol. 102; *Pieuvre* (Krake), um 1866. Paris, Bibliothèque nationale de France. Manuscrits, NAF 24745, fol. 382; *Pieuvre* (Krake), 1866–1869. Paris, Bibliothèque nationale de France. Manuscrits, NAF 24807, fol. 3.

3 René Journet / Guy Robert: *Théâtre de la Gaîté. Choix des dessins.* Paris: Les Belles Lettres 1961, S. 14; dies.: *Trois Albums.* Paris: Les Belles Lettres 1963, S. 21.

4 Katalognotiz *Pieuvre*. In: Marie Laure Prévost (Hrsg.): *Du chaos dans le pinceau. Victor Hugo, dessins.* Ausstellungskatalog Museo Thyssen-Bornemisza, Madrid 2000 /

Abb. 1: Victor Hugo: *Pieuvre* (Krake), 1866–1869.

und wenig deckend mit einer mit Wasser verdünnten, schwarz-braunen Tinte. Am oberen Rand ließ er das Weiß des Papiers stehen. Hugos Malflüssigkeiten Wasser und Tinte sind günstig verfügbare Mal- und Zeichenmaterialien, aber ihr Gebrauch könnte mit bildkünstlerischen Entscheidungen verbunden gewesen sein: Wasser und Tinte sind mit Meerwasser und Sepia beinahe identisch, sie bilden sepiagetrübtes Meerwasser fast materialidentisch ab. Hugos bildkünstlerische Flüssigkeiten holen ein von Sepia verdüstertes Meerwasser fast selbst auf das Papier. George Didi-Huberman beobachtete bereits, dass sich Hugo mit den fluiden Malmaterialien bildkünstlerisch in eine Analogie zum Meer setze.[5]

Das Tintengemisch des Kraken ist von der opaken Schwärze und der partikelhaltigen Verfasstheit nicht-löslicher, dispergierter Pigmente. Konservatoren bestätigten, dass das Pudrige kein Materialverfall ist.[6] Hugo muss diese Qualitäten absichtsvoll hergestellt haben. Vielleicht verwendete er Chinatusche oder überzog den gemalten Kraken mit Graphitpulver.[7] Diese trockenen Materialien sind übliche Materialien, die keiner spezifischen bildkünstlerischen Ausbildung bedürfen. Chinatusche ist eine Stange aus Fett und Ruß, die mit wenigen Tropfen Wasser auf einem Stein angerieben wird. Ihre Pigmente sind nicht wasserlöslich, sie dispergieren und liegen deckend auf dem Papier auf. Graphitstangen werden trocken aufgerieben und mit Gummiwasser gebunden. Mit einem Pinsel aufgetragen, legen sich die Pigmente fein und deckend auf dem Papier ab.[8]

Maison de Victor Hugo, Paris 2001. Paris: Paris Musées 2000, S. 394. Vgl. zu den Mal- und Zeichenmaterialien und zu den Techniken Victor Hugos Victoria Tébar Avila / Pierre Georgel / Jean-Pierre Montier: *Toujours en ramenant la plume: Les travailleurs de la mer. L'œuvre graphique de Victor Hugo*. 2014. http://www.ressources.univ-rennes2.fr/toujours-en-ramenant-la-plume/ (Zugriff am 27.09.2016), und die Ausstellungskataloge Philibin / Rodari (Hrsg.): *Shadows of a Hand*; Judith Petit (Hrsg.): *Soleil d'encre. Manuscrits et dessins de Victor Hugo*. Ausstellungskatalog Petit Palais, Paris 1985/1986. Paris: Paris Musées 1985.

5 George Didi-Huberman: L'immanence figurale. Hypocondrie et morphologie selon Victor Hugo. In: *Les Cahiers du Musée National d'Art Moderne* 85 (2003), S. 90–120, hier S. 94, 104.

6 Ich danke den Konservatoren der Bibliothèque nationale de France und der Maison de Victor Hugo für ihre Unterstützung.

7 Katalognotiz *Pieuvre* in Prévost (Hrsg.): *Du chaos dans le pinceau*, S. 394.

8 Joseph Meder: *Die Handzeichnung. Ihre Technik und Entwicklung*. 2., verb. Aufl. Wien: Schroll 1923, S. 65. Digital verfügbar unter http://digi.ub.uni-heidelberg.de/diglit/meder1923 (Zugriff am 27.09.2016).

Das Anrühren eines feinpulvrigen Tintengemischs für das Malen des Kraken musste nicht beliebig, sondern könnte künstlerisch bedeutsam gewesen sein, denn in seinem Roman schrieb Hugo über den Kraken: „rien ne saurait rendre cette inexplicable nuance de poussière ; on dirait une bête faite de cendre“[9]. Das Ruß der Chinatusche oder gemahlener Graphit kommen Staub (*poussière*) und Asche (*cendre*) sehr nahe. Hugo spürte der „staubigen“ Haptik des Kraken mit seinen bildkünstlerischen Materialien nach. So wirkt der bildliche Kraken beinahe selbst wie ein anfassbares Stück Natur. Hugo scheint das eigentümliche Taktile, das „Unsagbare“ (*inexplicable*) und begrifflich Nicht-Benennbare dieses Tieres mit den materialen Möglichkeiten des Bildermachens umgesetzt zu haben.

Hugo hatte den Kraken sicherlich gedanklich vage vorgefasst, aber er plante den Kraken nicht mit vorgängigen Studien und zeichnete ihn nicht vorab mit Bleistift auf dem blanken Blatt. Er arbeitete direkt auf dem lavierten Papier. Es scheint, als habe Hugo seine Malflüssigkeit in die Mitte des Blattes gekleckst und daraus direkt mit einem klar ausgewaschenen, nassen Pinsel Tentakel gezogen, so dass diese zu ihren Spitzen hin verblassen.[10] Dieses Malen erlaubt kaum eine minutiöse Ausführung, es muss zügig verlaufen, damit die Tinte nicht auftrocknet. Der Technik eignet so etwas Unvorhersehbares und Offenes an, da der Fluss der Tinte und das Verschwimmen mit noch nassen Stellen des Grundes kaum kalkulierbar ist. Das ist an den oberen Tentakeln gut sichtbar, die zu einem amorphen Knäuel verliefen. Ein Löschen und Neubearbeiten des Gemalten ist in dieser Technik nicht möglich.[11] Hugo überarbeitete den Kraken aber auch nicht nachträglich. Er differenzierte nicht mit weiteren Malschichten, mit feinen Pinseln oder Federn abgrenzende Konturen und Details aus. Hugo ließ die Eigenarten seiner Materialien zu. Auf dem Papier entstand und ‚wuchs‘ so ein Kraken von amorpher und zerfließender Form.

Wie Hugo das Bild aufbewahrte, ist kaum zu rekonstruieren. Es war nicht in sein Romanmanuskript einsortiert und es war auch nicht in

9 Victor Hugo: *Les Travailleurs de la mer*. 3 Bde. Paris: A. Lacroix / Verboeckhoven 1866, Bd. 3, S. 86. „[...] von einer unerklärbaren staubigen Tönung, für die sich kein Ausdruck finden ließe. Gewissermaßen ein Tier aus Asche“ (Victor Hugo: *Die Arbeiter des Meeres*, aus d. Frz. v. Rainer G. Schmidt. Hamburg: Achilla 2003, S. 409).

10 Katalognotiz *Pieuvre* in Prévost (Hrsg.): *Du chaos dans le pinceau*, S. 394.

11 Walter Koschatzky: *Die Kunst des Aquarells. Technik, Geschichte, Meisterwerke.* München: dtv 1985, S. 57–58.

einen anderen Manuskriptzusammenhang eingestellt. Es funktionierte nicht als Textillustration. Es bleibt aber ungewiss, ob Hugo das Blatt als Einzelnes beließ oder mit anderen Bildern sammelte. Die Bibliothèque nationale de France konserviert es heute in einem Konvolut aus Zeichnungen ähnlichen Formats.[12]

Mit einer Beschreibung der Handgriffe, Instrumente und Materialien ist Hugos Machen des Krakenbildes noch nicht erfasst. Den Überlegungen zu seinem Machen des Krakenbildes liegt die Annahme zu Grunde, dass Bildermachen eine eigenständige, nicht-begriffliche Praxis sein kann, um zu Erkenntnissen zu gelangen: Im Involviert-Sein in einen bildkünstlerischen Prozess, im Hantieren mit Instrumenten und Materialien, im sich Einlassen auf ihre ästhetischen Eigenarten und im darauf Reagieren kann etwas ertastet und unmittelbar erfahrbar werden. Das Machen eines Bildes kann ein „Denken mit den Händen", ein Ausprobieren und ein Experimentieren mit offenem Ausgang sein.[13]

Hugo verfasste nie eine Bildtheorie, kommentierte seine eigenen Bilder kaum schriftlich und schrieb nicht wie andere Schriftsteller des 19. Jahrhunderts zu Bildkünsten. Hugo lieferte selbst keine direkte Sprache für sein Bild. Das Bildermachen eines Schriftstellers zu untersuchen, bedeutet aber, zu berücksichtigen, wie Hugo über den Kraken schrieb, welche Zusammenhänge es zwischen Schreiben und Bildermachen geben kann und was das Machen des Krakenbildes für Hugos künstlerische Arbeitspraxis interessant machen kann.

Von 1859 bis 1866 arbeitete Hugo an seinem Roman *Die Arbeiter des Meeres*. Darin beschrieb Hugo den Kraken:

> Elle [cette bête] a un aspect de scorbut et de gangrène. C'est de la maladie arrangée en monstruosité.[14]

12 Journet / Robert: *Trois Albums*, S. 61.

13 Hans-Jörg Rheinberger: Historische Beispiele experimenteller Kreativität in den Wissenschaften. In: Walter Berka / Emil Brix / Christian Smekal (Hrsg.): *Woher kommt das Neue? Kreativität in Wissenschaft und Kunst*. Wien / Köln / Weimar: Böhlau 2003, S. 29–49, hier S. 49; ders.: Experiment, Forschung, Kunst. In: *Dramaturgie* 2 (2012), S. 11–14, hier S. 11, 14; ders. / Michael Schwab: Forming and Being Informed. In: Michael Schwab (Hrsg.): *Experimental Systems. Future Knowledge in Artistic Research*. Leuven: Leuven UP 2013, S. 198–129, hier S. 198.

14 Hugo: *Les Travailleurs de la mer*, Bd. 3, S. 86–87. „Sein Anblick erinnert an Skorbut und Gangrän. Krankheit hat sich zu Monstrosität zusammengefügt." (Hugo: *Die Arbeiter des Meeres*, S. 409.)

> Le poulpe hait. En effet, dans l'absolu, être hideux, c'est hair. Le difforme se débat sous une nécéssité délimination qui le rend hostile. [...] Une viscosité qui a une volonté, quoi de plus effroyable! De la glu pétrie de haine.[15]

> C'est un contact odieux que cette gélatine animée [...] espèce d'être coulant et tenace qui vous passe entre les doigts [...].[16]

Hugo schrieb nicht über die Größe und Kraft eines Riesenkraken.[17] Der Kraken sei zwar bösartig, aber von unspektakulärer Größe. Hugo arbeitete sich in seinem Roman vor allem an der abseitigen Materie und an der Deformiertheit (*le difforme*) des Tieres ab. Er beschrieb den Kraken als „Schleim" (*viscosité*), als „Kleber" (*glu*), als „flüssiges und zähes Wesen" (*être coulant et tenace*) und als „belebten Gallert" (*gélatine animé*). Der Kraken – so schrieb Hugo – habe keine Knochen und keinen Panzer, die ihm eine stabile Form geben würden.[18] Vielmehr bestehe dieses Tier aus Gallert oder Schleim, d.h. aus einer zähflüssigen Materie von klebriger Konsistenz, die sich beliebig ausdehne und nicht mit Händen zu fixieren sei (*passe entre les doigts*). Der Kraken sei eine amorphe, deformierte und schleimige Masse. Diese Tier gewordene Schleimmasse habe einen starken Trieb nach Hass und Zerstörung. Das Abartige und Widerwärtige sei im Kraken zu einem Wesen geworden.

Dieser böse, hässliche tierische Schleim evoziert beim Lesen Ekel. Mit der Beschreibung einer Haut wie Geschwüre wird der Ekel an die Grenze des ästhetisch Genießbaren getrieben. Dieses Gefühl ist in die Zeilen mit Worten des Abscheus (*hideux*; *effoyable*; *odieux*) und dem Imperativ eingeschrieben: Es überkommt sogar den

15 Hugo: *Les Travailleurs de la mer*, Bd. 3, S. 89–90. „[...] er haßt. Und tatsächlich, absolut gesehen, ist häßlich sein, hassen. Das Mißgestaltete sträubt sich angesichts der drohenden Ausschließung und wird feindselig. [...] Eine Schleimmasse, die einen Willen hat, etwas Klebriges, von Haß durchdrungen – was kann es Schrecklicheres geben?" (Hugo: *Die Arbeiter des Meeres*, S. 410–411.)

16 Hugo: *Les Travailleurs de la mer*, Bd. 3, S. 91. „Eklig die Berührung mit dieser belebten Gelatine [...] eine Art fließendes und zähes Wesen, das einem durch die Finger gleitet." (Hugo: *Die Arbeiter des Meeres*, S. 412.)

17 Prominente Fiktionen vom Riesenkraken entwerfen zum Beispiel Jules Verne in seinem Roman *20.000 lieues sous les mers* (Paris 1869–1870) oder der Kinofilm *Pirates of the Caribbean: Dead Man's Chest* (USA 2006).

18 „L'hippopotame a une cuirasse, la pieucre est nue" (Hugo: *Les Travailleurs de la mer*, Bd. 3, S. 84); „das Flußpferd hat einen Panzer, der Krake ist nackt" (Hugo: *Die Arbeiter des Meeres*, S. 407).

Erzähler.[19] Auffällig an Hugos Schreibweise ist, dass er für seine Krakenbeschreibung Synonyme zu Schleim aufreiht, ohne damit mehr über den Kraken auszusagen. Hugos Krakenbeschreibung hat keine sprachliche Bestimmtheit. Diese Schreibweise spürt der fluiden und nicht-fixierbaren Verfasstheit des Tieres nach: Das deformierte, zerfließende und nicht festzuhaltende Tier scheint sich der genauen Fixierung mit Begriffen zu entziehen.[20]

Sicherlich kannte Hugo Kraken aus Aquarien oder aus seinem Leben auf der Insel Guernsey aus eigener Erfahrung.[21] Aber im Schreiben der Romanzeilen und im Machen seines Bildes arbeitete sich Hugo nicht an einer konkreten Tierart, an deren eigentlich ausdifferenzierter, gut beschreib- und darstellbarer Morphologie und an deren eigentlich festeren und greifbaren Verfasstheit ab. Im Beschreiben des Kraken suchte Hugo mit sprachlichen Möglichkeiten und im Machen des Krakenbildes mit den bildeigenen, mit materialen und praktischen Möglichkeiten nach einer pusteligen, schleimigen und ungreifbaren Materie und nach einer unausgegorenen und deformierten Gestalt.

Für Hugos künstlerische Praxis ist das Deformierte bedeutsam. Zwischen 1860 und 1864 schrieb Hugo an dem Essay *Promontorium Somnii* (*Vorgebirge des Traums*) über künstlerische Kreativität. Er redigierte das Textmanuskript nicht abschließend und beließ es unveröffentlicht. Am Ende des Essays notierte Hugo eine Überlegung zum künstlerischen Kreieren von Ungeschlachtem. Für ein solches künstlerisches Tun argumentierte er mit einer produktiv tätigen Natur. Dabei nannte Hugo auch den Kraken:

> La nature jadis n'a-t-elle pas rêvé aussi ? Le monde ne s'est pas ébauché par un songe ? N'y a-t-il pas du nuage dans le premier effort de la création ? […] Dans quelle proportion le fabuleux a-t-il existé ? […] Le Kraken, dans le grand, et le polype, dans le petit, n'est-ce pas l'hécatonchire ? […] Oui, sans que cela puisse en

19 Gerald Funk: Ästhetik des Abgrunds. Zur Erkundung maritimer Schrecken in Victor Hugos *Die Arbeiter des Meeres*. In: Bernd Blaschke / Gert Mattenklott (Hrsg.): *Umwege. Ästhetik und Poetik exzentrischer Reisen*. Bielefeld: Aisthesis 2008, S. 159–174, hier S. 166–168; Monika Wagner: Das Material als Akteur – Oder: „Eine Schleimmasse, die einen Willen hat." In: Feist / Rath (Hrsg.): *Et in imagine ego*, S. 481–490, hier 487–488.

20 Allen S. Weiss: The Epic of the Cephalopod. In: *Discourse* 24,1 (2002), S. 150–159, hier S. 151.

21 Vgl. zu den Aquarien im 19. Jahrhundert Ursula Harter: *Aquaria in Kunst, Literatur und Wissenschaft*. Heidelberg: Kehrer 2014. Biographische Überblicke geben alle in Anm. 4 genannten Ausstellungskataloge.

> rien détruire et amoindrir l'idée de perfection attachée aux evolutions successives des lois naturelles, oui, selon notre optique humaine, le tâtonnement terrible du rêve est mêlé au commencement des choses, la création, avant de prendre son équilibre, a oscillé de l'informe au difforme, elle a été nuée, elle a été monstre, et aujourd'hui encore, l'éléphant, la girafe [...] nous montrent fixée et vivante, la figure de ces songes [...].[22]

In diesem Textabschnitt schrieb Hugo über die primordialen Anfänge der Evolutionsprozesse, in denen die Natur Tiere von monströser (*monstre*), d. h. unausgegorener, hybrider und deformierter Gestalt (*difforme*) aus einer Wolke (*nuage*; *nuée*), das heißt aus etwas Ungestaltetem (*informe*), Amorphen und Formbaren heraus ertastet (*tâtonnement*) und entworfen (*ébauché*) und erst nach und nach zu einer stimmigen Kreation ausgearbeitet habe. Diese Prozesse seien nicht geplant und vorgefasst: sie seien unstetige Prozesse des Formenfindens zwischen Ungestaltetem und noch Missgestaltetem. Hugo kannte sicherlich die naturwissenschaftlichen Theorien zu ungestalteter Materie und zu deren Potential, sich in kontingenten Prozessen zu Lebewesen zu organisieren.[23] Aber Hugo erklärt diese Prozesse nicht naturwissenschaftlich. Er beschreibt diese Prozesse als einen künstlerischen Prozess: Nach Träumen,[24] d. h. nach unausgegorenen und vagen Gedankenbildern

22 Victor Hugo: Promontorium Somnii. In: Ders.: *Oeuvres complètes de Victor Hugo. Philosophie*. 2. Bde, hrsg. v. Paul Meurice / Gustave Simon. Paris: Albin Michel 1934–1937, Bd. 2, S. 297–326, hier S. 325–326. „Hat die Natur einst nicht auch geträumt? Wurde die Welt nicht von einem Traum entworfen? Gab es nicht etwas Wolkenartiges in der ersten schöpferischen Bemühung? [...] In welcher Proportion hat das Fabelhafte existiert? [...] Der Kraken, im Großen, und der Polyp, im Kleinen, sind das nicht Hekantoncheiren? [...] Jawohl, ohne daß dies die Idee der Vervollkommnung bei den sukzessiven Evolutionen durch die Naturgesetze zerstören oder mindern könnte, jawohl, gemäß unserer menschlichen Sichtweise nimmt das schreckliche Ertasten des Traums am Beginn der Dinge teil, und die Schöpfung, bevor sie in ihr Gleichgewicht findet, ist vom Ungestalten zum Mißgestalten oszilliert, sie ist Wolke gewesen, sie ist Ungeheuer gewesen, und heutzutage zeigen uns noch der Elephant, die Giraffe [...] unverrückbar und lebend, die Gestalt dieser Träume [...]." (Victor Hugo: *Promontorium Somnii. Vorgebirge des Traums*, aus d. Frz. v. Thomas Schwab. Frankfurt am Main: Dielmann 1997, S. 46–47.)

23 Wagner: Das Material als Akteur, S. 486–488. Zu Hugo und den Naturwissenschaften vgl. auch Claudine Cohen: Victor Hugo et l'anthropologie physique. „Une tempête sous le crâne". In: *Revue d'histoire littéraire de la France* 86,6 (1986), S. 1023–1088.

24 Zum Traum im 19. Jahrhundert vgl. Tony James: *Dream, Creativity and Madness in Nineteenth-Century France*. Oxford: Clarendon 1995; Stefanie Heraeus: *Traumvorstellung und Bildidee. Surreale Strategien in der französischen Graphik des 19. Jahrhunderts*. Berlin: Reimer 1998; Stefanie Kreuzer: *Traum und Erzählen in Literatur, Film und Kunst*. Paderborn: Fink 2014.

würden aus etwas Wolkigem, aus ungestaltetem „Rohmaterial" zunächst Tiere von noch missgestalteter Form entworfen und ertastet, d. h. in einem wenig festgelegten, offenen Machen von ungewissem Ausgang, im Basteln, in einem „Denken mit den Händen"[25] ausprobiert und angenähert. In diesem Textabschnitt sind die Zusammenhänge von künstlerischem und natürlichem Tun eng gefasst. Künstlerisches und natürliches Tun sind nicht unterschieden.

In diesen Zeilen über eine künstlerisch tätige Natur nannte Hugo den Kraken: Er gebrauchte nicht das standardfranzösische und zoologische Wort „poulpe" oder das nordfranzösische Wort „pieuvre", um eine Tierart zu benennen. Hugo schrieb das norwegische Wort „kraken" (Krake) auf. Dieses Wort wird im Französischen verwendet, um über ein primordiales Wesen zu sprechen.[26] Hugo benannte den Kraken damit als ein solches anfängliches, noch missgestaltetes und von der Natur in ihrem künstlerischen Prozess hingeworfenes Tier.

In seinem Roman beschrieb Hugo den Kraken als Wesen zwischen dem Ungestalteten und Missgestalteten. Mit seiner Schreibweise praktizierte Hugo in seinem Roman ein literarisches Kreieren von deformierten Tieren wie die Natur: Er hätte den Kraken sachlich beschreiben oder zu etwas ästhetisch Genießbarem, zu etwas Erhabenem sublimieren können, aber Hugo arbeitete sich sprachlich am Amorphen, Schleimigen und Ekligen des Kraken ab.

Im Machen des Krakenbildes arbeitete sich Hugo an einem Tier ab, das eine anfängliche, noch zwischen Ungestaltetem und Missgestaltetem unentschiedene Kreation einer künstlerisch tätigen Natur ist. Er malte aus einem ungestalteten Fleck ein noch amorphes Tier. Ein Fleck aus Tinte ist zwar keine Wolke, aber auch eine ungestaltete und formbare Ausdehnung und ein Rohmaterial. Und er verzichtete auf weitere Einzeichnungen morphologischer Details. So bleibt ein noch anfänglicher, ein noch missgestalteter und noch im Werden begriffener Kraken zugegen: Wie die künstlerisch tätige Natur aus dem Rohen eine missgestaltete Kreatur ertastet, so ertastete sich Hugo im Bildermachen aus seinem Rohmaterial eine deformierte Kreatur. Natürliche und bildkünstlerische Prozesse sind analog, fast ununterschieden.

25 Rheinberger: Historische Beispiele experimenteller Kreativität, S. 49.

26 *La mer. Terreur et Fascination. Monstres Marins: Pieuvres* (Expositions. Les Galeries Virtuelles de la Bibliothèque nationale de France). http://expositions.bnf.fr/lamer/bornes/feuilletoirs/pieuvres/64.htm (Zugriff am 13.06.2016).

Hugos Kraken bleibt dabei ein mit bildkünstlerischen Überlegungen, Materialien und Instrumenten gemachtes Artefakt. Im Bildermachen untersuchte Hugo diese kreativ tätige Natur künstlerisch: Er wandte ihre künstlerischen Materien und Prozesse, aus dem Ungestalteten, aus einem Rohmaterial heraus ein Tier zu finden, mit seinen bildkünstlerischen Materialien und Handgriffen an. Hugos Machen dieses Krakenbildes konnte parallel zum Schreiben ein eigenständiges Ausprobieren und Experimentieren sein, um über die Zusammenhänge von künstlerischen und natürlichen Prozessen nachzudenken.

Warum Experimente ästhetisieren?

Eine theriotopische Analyse von Installationen mit lebendigen Tieren

Nike Dreyer

Durch ein Experiment „testet man eine Hypothese, also eine Frage an die Natur, unter kontrollierten Bedingungen“[1]. Ziel ist ein Erkenntnisgewinn im Sinne von belastbaren, reproduzierbaren und objektiven Ergebnissen, die demonstrieren, „wie die Natur wirklich funktioniert und nicht [...] wie der Beobachter will, dass sie funktioniert“[2]. Warum ästhetisieren manche Künstler naturwissenschaftliche Experimente, wenn sie der Natur mit ihren Methoden keine objektiven Ergebnisse abringen können? Der Artikel erarbeitet einen Ansatz zu einer theriotopisch informierten Kunstanalyse in zwei Schritten: Nach einer Vorstellung und Verbindung der Konzepte vom Experiment, Theriotopie und Installation erfolgt eine Analyse zweier Kunstwerke – Carsten Höllers *Soma* und Kathy Highs *Embracing Animal* – sowie ihre Deutung unter dem gewonnenen Theorieansatz.

Konzepte und Begriffe

Tieren kommt als Teil vieler Experimente ein besonders wichtiger, aber auch ambivalenter Part zu: Manche von ihnen sind einerseits biologisch gesehen dem Humanen ähnlich genug, um die an ihnen gemachten Ergebnisse auf Menschen übertragen zu können, dabei andererseits unähnlich genug, um ihr Leiden und Sterben in Experimenten zu

1 Anita Guerrini: *Experimenting with Humans and Animals. From Galen to Animal Rights*. Baltimore: Johns Hopkins UP 2003, S. 1. Originalzitat: „Today we say that an experiment tests a hypothesis, a question about nature, under controlled conditions.“ Alle Übersetzungen hier und im Folgenden von der Autorin.

2 Ebd., Originalzitat: „[...] according to how nature really acts and not necessarily as the observer would want it to act.“ Autoren der *Laboratory Studies* wie Bruno Latour und Karin Knorr-Cetina haben hingegen festgestellt, dass soziale oder auch technische Bedingungen in Laboratorien Erkenntnisgewinne beeinflussen können. Des Weiteren sei angemerkt, dass die hier mit Guerrini gemachten Annahmen nicht für *alle* Experimente gelten können.

akzeptieren.[3] Mitchell G. Ash datiert den Beginn der „Wissenserzeugung durch systematisch-experimentelle Manipulierung der Natur"[4] und damit einhergehende Tierexperimente auf das 17. Jahrhundert; die Entwicklung des Klonens und transgener Tiere seit dem Ende des 20. Jahrhundert stellt einen vorläufigen Zenit der massenhaften und industriell betriebenen Tierexperimente im Sinne einer „Verbrauchsorientierung"[5] dar.

Am Experiment verdeutlichen sich *en miniature* komplexe Zusammenhänge: So kann die Anordnung von Tieren in einem Experiment auch als Theriotopie verstanden werden. Mit dem Begriff, den er in Anlehnung an Michel Foucaults Heterotopie-Begriff für literaturwissenschaftliche Tieranalysen entwickelt hat, beschreibt Roland Borgards eine kulturelle Tier-Raum-Ordnung. Die Theriotopie „bezieht sich nicht auf eine gegebene biologische, sondern auf eine entworfene kulturelle Ordnung"[6]. Theriotopien sind Manifestationen einer abstrakten, kulturellen Ordnung und bieten damit Räume, an denen sich die sonst meist ungenau verlaufenden Grenzen zwischen Tieren und Menschen konkretisieren lassen.[7] Um diese tierlich-menschlichen Zwischenräume zu interpretieren, müsse man insbesondere „kontextualisieren, historisieren und poetisieren"[8]. Neben Experimenten können auch Kunstinstallationen mit Tieren als Theriotopien verstanden werden. Können sie auch nicht sprachlich poetisieren, so erlaubt die ästhetische Distanz der Kunstwerke eine andere Interpretation der alltäglichen Ordnung des Experiments. Durch eine Ästhetisierung tragen sie damit zum kritischen, wissenschaftlichen Diskurs bei.

3 Vgl. Hanno Würbel: Tierversuch und Irrtum. In: Meret Fehlmann / Margot Michel / Rebecca Niederhauser (Hrsg.): *Tierisch! Das Tier und die Wissenschaft. Ein Streifzug durch die Disziplinen*. Zürich: vdf 2016, S. 97–106.

4 Mitchell G. Ash: Tiere und Wissenschaft. In: Gesine Krüger / Aline Steinbrecher / Clemens Wischermann (Hrsg.): *Tiere und Geschichte. Konturen einer Animate History*. Stuttgart: Steiner 2014, S. 267–291, hier S. 268.

5 Ebd.

6 Roland Borgards: Tiere in der Literatur. Eine methodische Standortbestimmung. In: Herwig Grimm (Hrsg.): *Das Tier an sich. Disziplinenübergreifende Perspektiven für neue Wege im wissenschaftsbasierten Tierschutz*. Göttingen: Vandenhoeck & Ruprecht 2012, S. 87–119, hier S. 96.

7 Roland Borgards: Hund, Affe, Mensch. Theriotopien bei David Lynch, Paulus Potter und Johann Gottfried Schnabel. In: Ders. / Maximilian Bergengruen (Hrsg.): *Bann der Gewalt. Studien zur Literatur- und Wissensgeschichte*. Göttingen: Wallstein 2009, S. 105–142, hier S. 110–111.

8 Borgards: Tiere in der Literatur, S. 96.

Meine anleitende These ist, dass die Unmöglichkeit einer sicheren Interpretation des tierlichen Verhaltens in diesen Installationen Teil der ästhetischen Erfahrung ist. Indem die Kunst ein naturwissenschaftliches Vorgehen aufnimmt, hinterfragt sie die experimentellen Praktiken und die Wahrhaftigkeit des Experiments. Auch für die Ästhetik der Installation ergeben sich neue, insbesondere ethische Anschlüsse im Hinblick auf den Einsatz von Tieren.

Der Begriff der Installation ist eng verbunden mit der Tendenz der medialen Entgrenzung der bildenden Kunst seit den 1960er Jahren. Seitdem werden unterschiedlichste Medien und Formen erprobt und weitergeführt, abseits von klassischen Kunstformen wie der Malerei oder Skulptur. Der Begriff der Installation ist ein Sammelbegriff, der eine definitorische Unschärfe aufweist, die hier produktiv verwendet werden soll. Aus Juliane Rebentischs Überlegungen zum Konzept der Installation werden Charakteristika herausgearbeitet, um dann Möglichkeiten der Inklusion von lebendigen Tieren aufzuzeigen.

Rebentisch betont eine Trias der Charakteristika für die Installation: Theatralität, Intermedialität und Ortsspezifik. Theatralität beschreibt mit Bezug auf Installationen eine „aktivere Rolle des Betrachters, der hier nicht mehr passiv vor einem Werk zu stehen kommen, sondern in dieses physisch einbezogen werden sollte“[9]. Intermedialität bezeichnet „neuartig hybride [...] Bereiche [...] *zwischen* den Künsten“[10], die sich nicht mehr mit traditionellen Klassifikationen beschreiben lassen. Die Verbindung „des künstlerischen Umgangs mit dem ästhetischen Medium“[11] wird dadurch unspezifisch: „durch die Duchampsche Provokation, der zufolge der Begriff von Kunst *überhaupt nicht* an spezifischen Medien und korrespondierenden Kunstfertigkeiten hängt“[12], ist Hand- oder Kunstfertigkeit für Rebentisch nicht mehr zentral, sondern die Idee oder das Konzept eines Kunstwerks. Der Aspekt der Ortsspezifik verweist auf mögliche Referenzsysteme, denn „Installationen sind kontextsensibel nicht nur hinsichtlich des Innen- oder

9 Juliane Rebentisch: *Ästhetik der Installation*. Frankfurt am Main: Suhrkamp 2003, S. 21. Dass diese Beschreibung auch auf Performances oder, wie Rebentisch im Weiteren argumentiert, eigentlich auf jede Kunst zutreffe, sei erwähnt.

10 Ebd., S. 79.

11 Ebd., S. 80. Dass Tiere in dieser Logik zum reinen Material der Künstlerin werden, ist ein theoretisches Problem, dem mit einem dezidiert tierbezogenen Installationsbegriff begegnet werden kann.

12 Ebd.

Außenraums, in dem sie ausgestellt sind, sondern auch hinsichtlich der gesellschaftlichen Rahmenbedingungen."[13] Eine Künstlerin, die sich also zum Beispiel in einem Museum auf ein Experiment bezieht, braucht Kontextwissen aus anderen Wissensbereichen.

Wie lassen sich Installation und Theriotopie demnach zusammen denken? Der Begriff der Installation lässt sich etymologisch auf das althochdeutsche Substantiv ,stal', neuhochdeutsch ,Stall', zurückführen. Im 16. Jahrhundert entstanden, verweist ,Installation' auf einen aktiven und gewollten Eingriff auf einen Standort[14] und damit auf die ,Gestelltheit'[15] und die Gemachtheit der Installation als möglicher kultureller Ordnung. Dies folgt einem theriotopischen Verständnis, das nicht von natürlichen, sondern von kulturellen und damit künstlichen, also herge*stellten* Ordnungen zwischen Tieren und Menschen ausgeht. Als theriotopische Pointe leitet sich der Begriff der Installation vom gleichen Wort ab wie das heutige Wort für die Behausung von Tieren: dem Stall.[16] Egal ob Stall oder Experiment: theriotopisch gedacht sind sie kulturelle Räume, die eine mögliche Ordnung von Menschen und Tieren darstellen. Kunstinstallationen können dies ästhetisieren und erlauben dadurch eine Reflexion der Ordnung auf einer Metaebene. Die beiden folgenden Experimente veranschaulichen dies. Geklärt werden muss, inwiefern sie sich in ihrem Verständnis von Tierversuchen voneinander unterscheiden. Beide werfen die Betrachterin zurück auf ihre Betrachtungsgabe und tun dies vor allem durch lebendige Tiere: hier durch Rentiere, Mäuse, Fliegen und Vögel, dort durch transgene Ratten.

13 Rebentisch: *Installation*, S. 232.

14 Friedrich Kluge / Elmar Seebold: *Etymologisches Wörterbuch der deutschen Sprache*. Überarb. u. erw. 25. Aufl. Berlin / Boston: de Gruyter 2011, siehe zu ,installieren' S. 447, ,Stall' S. 875 und ,stellen' S. 881. Dank an Martin Schneider.

15 Vgl. Rebentisch: *Installation*, S. 243.

16 Diese Pointe nahm nicht zuletzt Rosemarie Trockels und Carsten Höllers bekannte Installation *Ein Haus für Schweine und Menschen* auf der Documenta X (1997) künstlerisch vorweg.

Werkanalysen mit theriotopischer Perspektive

> Wir haben das Soma getrunken; wir sind unsterblich geworden, wir haben das Licht gesehen; wir haben die Götter gefunden.[17]

Wenn das Soma tatsächlich so mächtig wäre, wie dieses Zitat aus der frühen hinduistischen Schrift *Rigveda* aus dem 2. Jahrtausend v. Chr. es glauben macht – wer wüsste dann nicht gern den Ursprung? Carsten Höller, selbst habilitierter Agrarwissenschaftler, folgte für sein Experimentdesign der Hypothese des Mykologen Robert Wasson, das psychoaktive Soma, ein hinduistisches Ritualgetränk, sei aus dem Fliegenpilz herstellbar. Wassons These kursierte in der Pilzforschung um psychoaktive Substanzen seit 1968 und ist genauso plausibel wie unbeweisbar: Viele religiöse, ethnologische oder linguistische Aspekte der Soma-Forschung ergeben ein Mosaik aus Möglichkeiten der Herstellung dieses Mittels, wie der Ausstellungskatalog darstellt. Höller wollte Wassons Hypothese verifizieren. Für seine Ausstellung *Soma* füllte er 2010/11 die Ausstellungshalle des Berliner Museums Hamburger Bahnhof mit zwei Rentier-Gehegen auf einer Fläche von 17x72x10 Metern.[18] Eine Gruppe von Rentieren ernährte sich auch von Fliegenpilzen, die Pfleger in ihren Trögen platzierten; die andere Gruppe nicht. Der Urin der Rentiere sollte an Vögel und Mäuse der eigenen Gruppen verteilt werden, denn dass die Rauschwirkung der psychoaktiven Substanzen sich durch eine Erstverdauung verstärkt und der Urin deshalb auch bei Urvölkern konsumiert wurde, ist ein weiterer Aspekt der These Wassons. Höller spielte mit der Vermutung, dass – sollte die Hypothese stimmen – sich das Verhalten der Vögel und Mäuse auf Grund des ins Futter gemischten Urins verändern würde; er ließ aber offen, ob der Urin wirklich verteilt wurde.[19] Die Zusammenhänge waren entsprechend und absichtlich unklar.

Höller arbeitete hier also mit Experiment- sowie Kontrollgruppen: Er kreierte damit eine Installation als Versuch. Die Betrachterin wird in dieser Installation selbst zur Forscherin, die zu entscheiden hat, ob sich zwischen den Gruppen ein Verhaltensunterschied ausmachen lässt

17 Zitiert bei Dorothée Brill: Wir haben das Soma getrunken; wir sind unsterblich geworden. In: Dies. / Udo Kittelmann (Hrsg.): *Soma. Dokumente/Documents*. Ausstellungskatalog. Ostfildern-Ruit: Hatje Cantz 2011, S. 38–43, hier S. 38.

18 Brill / Kittelmann (Hrsg.): *Soma. Dokumente/Documents*, S. 32.

19 Niklas Maak: Soma. Rausch aus Rentier und Fliegenpilz. In: *FAZ*, 08.11.2010.

Abb. 1: Carsten Höller: *Soma*, 2010/11.

oder nicht. Höllers Installation bildete damit einen Laborversuch ab, „dessen Vollendung in der Imagination des Betrachters liegt und dessen Auswertung ausschließlich seiner Beobachtungsgabe anheimgestellt ist“[20]. Es reichte nicht aus, die Tiere einfach nur zu betrachten: Dem Besucher oblag es auch, aus der Analyse des tierlichen Verhaltens Rückschlüsse auf die möglichen Konsequenzen des Konsums von Fliegenpilzen zu ziehen.

Verschiedene Aspekte dieses Aufbaus zeigen Widersprüche auf. Folgt man der Tiefenachse der Tier-Raum-Ordnung der Installation, fällt sofort die Schneise zum auf der Empore stehenden Bett auf, das als krönendes Objekt von *Soma* die Szene dominierte. Die Übernachtungsmöglichkeit für menschliche Gäste über einem Versuchsaufbau ist theriotopisch gelesen spannend. Nicht nur ist das Bett hier der räumliche Höhepunkt der Installation, auch wird der schlafende Mensch zum Teil des Kunstwerks.[21] Dabei stehen die wissenschaftliche Beobachtung und der Schlaf in einem Widerspruch zueinander, ist doch die wichtigste Voraussetzung für Beobachtung Wachheit und Aufmerksamkeit.

20 Brill: Wir haben das Soma getrunken, S. 39.

21 Die Übernachtung in dem „schwebenden Hotelzimmer“, wie es Höller regelmäßig in seinen Installationen inszeniert, kostete 1.000 € pro Nacht. http://somainberlin.archiv.freunde-der-nationalgalerie.de/de/nachts-im-museum.html (Zugriff am 18.07.2016).

Hinzu kommt, dass der schlafende Betrachter sich dem Versuch und seiner Rolle als Beobachter entziehen kann, während die Tiere ständig Teil des Experiments bleiben.

Am Ende des Ausstellungsraums stand zwischen den Gehegen die „Doppelpilzuhr". Sie bestand aus verschiedenen, überdimensionalen Plastikreplikaten von Fliegenpilzen, montiert auf einer kreisförmigen, beweglichen Fläche. Auch hier ist eine Diskrepanz zwischen wissenschaftlichen Ansprüchen und künstlerischer Intervention zu erkennen, denn an den Pilzen waren Äste befestigt, an denen die Rentiere ihr Geweih reiben und damit die Uhr-Skulptur drehen konnten. Dass die Zeit, die als feststehende Einheit bei der Bemessung von Experimentabläufen zentrale Bedeutung auf Grund ihrer angenommen Unveränderlichkeit hat, hier von den Rentieren beeinflusst werden konnte, kollidiert mit dem Anspruch nach Gültigkeit der Ergebnisse und gab den Tieren eine Handlungsmacht, die sie in einem naturwissenschaftlichen Experiment so nicht hätten.[22]

Anders als Höller prüfte Kathy High in ihrem Installationsexperiment keine Hypothese. In *Embracing Animal*[23] stellte sie transgene Ratten in einem „ersatz laboratory"[24] aus, wie sie es nannte. Den Laborcharakter der Installation betonten „Laborassistenten" in weißen Kitteln, die die Ratten pflegten und somit einen Eindruck der Laborroutinen naturwissenschaftlicher Einrichtungen vermittelten. Die Künstlerin hatte die drei Ratten Matilda, Tara und Star aus Laborbeständen gekauft, in denen sie für die Zucht und für Experimente genutzt worden waren.

Die Ratten waren transgen und damit Ergebnis eines aufwendigen, naturwissenschaftlichen Verfahrens. Sie hatten das menschliche Gen B27 in ihr Genom übertragen bekommen. Dieses Gen trägt auch die Künstlerin selbst. Es kann zu Autoimmunerkrankungen des Verdauungstraktes und zu Arthritis führen. Die Ratten vom Modell HLA-B27 zeigen der menschlichen Krankheit verwandte

22 Autorinnen wie Donna Haraway gehen davon aus, dass Tiere grundsätzlich Agency in naturwissenschaftlichen Experimenten haben, und sei es durch Verweigerung bzw. Kooperation während den experimentellen Abläufen. Vgl. Donna Haraway: Sharing Suffering: Instrumental Relations between Laboratory Animals and Their People. In: Dies.: *When Species Meet*. Minneapolis: University of Minnesota Press 2008, S. 69–93, hier S. 73.

23 Von 2004–2006 im Massachusetts Museum of Contemporary Art.

24 Kathy High: Embracing Animal. http://kathyhigh.com/project-embracing-animal.html (Zugriff am 04.03.2016).

Abb. 2: Kathy High: *Embracing Animal*, 2004–2006.

Symptome. An ihnen werden pharmazeutische Experimente durchgeführt, um die Wirksamkeit von Medikamenten gegen die Leiden zu testen und so langfristig Medikamente für menschliche Patienten zu entwickeln, obwohl „die Übertragbarkeit der Ergebnisse über Artengrenzen hinweg“[25] fraglich bleibt. Dass Ratten und Menschen durch transgene Eingriffe zu einem gewissen Grad genetisch ähnlich gemacht werden, soll die Übertragbarkeit plausibilisieren.

Der Aufbau der Installation kann auch hier theriotopisch gedeutet werden. Die Käfige hatte High zusammen mit einem Tiermediziner konzipiert und miteinander verbunden. So konnten die Ratten sich mit Hilfe von Röhren zwischen den Käfigen auch bis knapp unter die Decke bewegen und hatten unterschiedliche Materialien und Spielzeug zur Verfügung.[26] Die Hauptkäfige waren etwas erhöht angebracht und durch Fenster an manchen Stellen einsehbar, sodass das Verhalten der Tiere für die Betrachterinnen erkennbar war; auf Grund von Rückzugsräumen der Ratten aber nur teilweise. Die Käfige waren so angeordnet,

25 Ash: Tiere und Wissenschaft, S. 270.

26 Irina Aristarkhova: Hosting the Animal: The Art of Kathy High. In: *Journal of Aesthetics and Culture* 2 (2010). http://www.aestheticsandculture.net/index.php/jac/article/view/5888/6620 (Zugriff am 16.09.2016), S. 5.

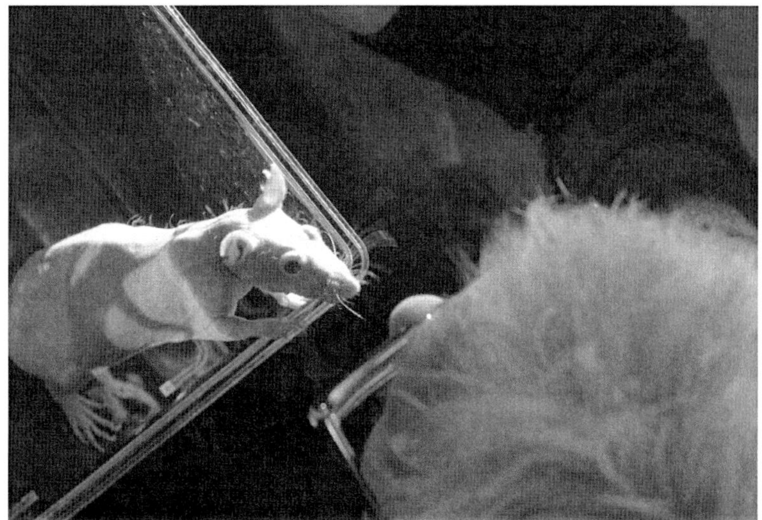

Abb. 3: Ratte und Künstlerin.

dass eine Sicht auf die Ratten außerdem nur dann gegeben war, wenn die Betrachter um die Käfige herum und zwischen ihnen oder gar tief gebeugt unter den Röhren hindurch gingen – sich also an den Raum der Tiere anpassten. Neben den Rattenkäfigen zeigte High Filme auf sehr kleinen, am Ende langer Plastikröhren angebrachten Bildschirmen, die Transformationen von Menschen zu Tieren und Fabelwesen darstellten. Die hier gezeigten Menschen waren nicht einfach nur Menschen, sondern stellten Zwischenformen des Menschlichen dar.

Wichtig war High, die Tiere nicht als „genetische Ungeheuerlichkeiten" dazustellen,[27] sondern vielmehr die möglichen Ähnlichkeiten zwischen transgener Ratte und Mensch zu betonen. So therapierte sie die Ratten mit den gleichen homöopathischen Mitteln, die sie selbst einnahm. Sie wollte den Ratten Raum geben, sich individuell und sozial zu verhalten, ohne Schmerzen und mit einer bestmöglichen Versorgung zu leben, und sie dabei nicht als Haustiere betrachten. Irina Aristarkhova verwendet zur Analyse von Highs Werken das Konzept des ‚hosting', also der Gastgeberschaft. Sie hebt hervor, dass High mit ihrer Arbeit „die anthropologische und anthropomorphe Logik der Gastgeberschaft

27 Ebd., S. 8.

aufdeckt, sobald sie auch Tiere miteinbezieht“[28]. Gerade in diesem Konzept und durch Highs Empathie für die Ratten zeigt sich ein anderer ethischer und sogar wissenschaftlicher Zugang zu Tieren als in Höllers Arbeit. Inwiefern und mit welchen Konsequenzen soll folgend aufgezeigt werden.

Ethische Aspekte & Deutung der Arbeiten im Sinne einer theriotopischen Kunstwissenschaft

Dass insbesondere der Einsatz transgener Tiere nicht nur in den Naturwissenschaften, sondern auch der Kunst kritisch gesehen werden muss, ist spätestens seit dem Beginn der Diskussionen um Bio-Art[29] ein Thema, dessen ethische Fragen sowohl an Wissenschaftlerinnen als auch Künstler gerichtet sind. „Bio-Künstler müssen selbst ihren Anteil bei der Herstellung einer wirtschaftlich bedingten Lebensform reflektieren“[30], forderte beispielsweise Frances Stracey. Hieran schließen sich Fragen nach verantwortlichem Umgang mit transgenen oder geklonten Tieren an. Eine sehr informative, von High gestaltete Website zeigt, dass die Künstlerin sich Wissen angeeignet hat, das als Teil der Arbeit betrachtet werden kann.[31] Sie leistet damit auch Kommunikationsarbeit im Sinne der Wissenschaft und informiert die Öffentlichkeit über schwer verständliche Zusammenhänge.

Höllers Ansatz ist ein anderer. Indem er dem klassischen Format des Experiments folgt und eine Hypothese prüft, übernimmt er auch gewisse Praktiken gegenüber Tieren aus der naturwissenschaftlichen Forschung, die sich in der Installation niederschlagen – so haben die Tiere keinen Rückzugsort, keinen Namen und dienen als ästhetische Forschungsobjekte. Hier zeigt sich, was mit Ash eingangs eine

28 Aristarkhova: Hosting the Animal, S. 9, Original: „Her work thus in enacting acts of hospitality to these animals contested and thereby revealed the anthropological and anthropomorphic logic of hosting when extended to animals.“

29 Eine mögliche Arbeitsdefinition der Bio-Art liefert bspw. Aristarkhova: „[…] the genre of art making that uses living substances and beings as materials and media including those that use recent biotechnologies, such as cloning, genetic manipulation, and tissue engineering“ (ebd., S. 3).

30 Frances Stracey: Bio-art: the Ethics Behind the Aesthetics. In: *Nature* 10,7 (2009), S. 496–500, hier S. 496: „To avoid the charge of naivety, if not complicity, bio-artists need to reflect on their part in the creation of economically driven new life forms.“

31 Kathy High: Rat Love Manifesto. http://www.embracinganimal.com/ratlove.html (Zugriff am 05.04.2016).

„Verbrauchsorientierung" genannt wurde. High versucht, den Ratten trotz der Ausstellung Rückzugsorte zu geben, und zwingt die Betrachter, sich zu bücken oder zu strecken, sich also anzustrengen, um die Tiere zu sehen. Während in *Embracing Animal* eine Observation im experimentellen Sinne nur möglich ist, wenn die Menschen sich auf diese Welt der Ratten einlassen, liefert *Soma* mit seiner panoptischen Struktur die Tiere den Blicken der Betrachterinnen vollkommen aus. Wichtig bei High ist außerdem der empathische Zugang zu den Tieren, der sich im Kleinen und nicht unbedingt offensichtlich niederschlägt. Genau diese empathischen Gesten zeichnen Highs Arbeit aus: So wertet Aristarkhova den Umstand besonders, dass keine der Ratten alleine starb, sondern jede begleitet und gehalten wurde.[32] Highs Arbeit kann als Zeichen einer „Wende zu einer verstärkten Einbeziehung von Tieren in die Wissenschaftsgeschichte"[33] gelesen werden, die „auf Kooperation angelegte, oft genug emotional geprägte Umgangsformen"[34] zeigt, wie Ash unabhängig von Highs Arbeiten diagnostiziert. High legt den Fokus ihrer Arbeit auf die Individualität von Tieren, die sonst in einem hochgradig anonymen System nur als Verbrauchsmaterial vorkommen, und eröffnet damit einen anderen, womöglich auch sentimentalen[35] Zugang zum Status von Tieren in der Naturwissenschaft.

Die Kunstinstallationen zeigen Widersprüche und Unterschiede im Verhältnis zwischen Tieren und Menschen in der Wissenschaft. Der visuellen Attraktivität der installativen Anordnung könnte Oberflächlichkeit unterstellt werden, doch interdisziplinär und kritisch gelesen liefern die Installationen nicht nur einen anderen Zugang für die Kunstwissenschaft, sondern auch zur wissenschaftlichen Praxis des Experiments. Beide Installationen dienen dazu, den Blick auf Tiere kritisch zu hinterfragen und die Position des menschlichen Beobachters aufzuzeigen, wenn auch auf sehr unterschiedliche Weise. So finden sich hier zwei unterschiedliche Rollen der ästhetischen Beobachterin: zum einen als naturwissenschaftlicher Forscherin, die eine Hypothese zu bestätigen versucht, jedoch das Verhalten der Tiere nicht sicher interpretieren kann. Zum anderen kommt der Beobachter, der im Sinne der Kunst versucht, das Verhalten der Tiere zu deuten, an die Grenzen

32 Aristarkhova: Hosting the Animal, S. 10.

33 Ash: Tiere und Wissenschaft, S. 271.

34 Ebd., S. 269.

35 Vgl. ebd.

seiner Beobachtungsgabe, wenn er feststellt, dass er das Verhalten der Tiere verstandesmäßig nicht sicher deuten kann und die Auseinandersetzung nur sinnhaft ist, wenn sie, wie bei High, von Empathie oder Intuition geleitet ist.

Was sich hieran für das Konzept einer *Animal Installation* ergibt, gilt es theoretisch noch weiter auszuarbeiten. Festhalten lässt sich aber, dass die theriotopische Installation eine Weiterentwicklung der Kunstform vorantreibt und eine interdisziplinäre Schnittstelle zu den Naturwissenschaften darstellt. Denn mit dem für menschliche Beobachter undeutbaren Verhalten der Tiere wird auch der Status der Installation und ihrer Betrachtung undeutbar: Hier geht es nicht um interessenloses Wohlgefallen, auch nicht allein um eine Kritik an naturwissenschaftlicher Forschung, sondern um Sensibilisierung für die eigene Wahrnehmung und das eigene Verhalten – bei der Betrachtung von Kunst und darüber hinaus.

Mit tödlichem Ausgang

Der Tod von Tieren im Kontext der künstlerischen Versuchsanordnung von Marco Evaristtis *Helena*

Stephanie Milling

Helena (2000)

Im Jahr 2000 zeigt der chilenisch-dänische Künstler Marco Evaristti zum ersten Mal die kontrovers diskutierte Arbeit *Helena* im dänischen Trapholt Kunstmuseum, die er danach u. a. 2006 im Kunstraum Dornbirn, Österreich, wiederholt.[1] *Helena* besteht aus einem sehr einfachen Aufbau: Zehn offensichtlich verkabelte, betriebsbereite Mixer stehen auf einem Tisch und sind mit klarem Wasser gefüllt. In ihnen befindet sich jeweils ein Goldfisch. Die Verkabelung gibt einen Hinweis auf die bestehende Stromversorgung, so dass die Besucher_innen vermuten müssen, dass die Mixer tatsächlich funktionieren, wenn sie sich dessen auch nicht sicher sein können. Kein Hinweisschild erklärt die Arbeit oder benennt ein vom Künstler gewünschtes Verhalten – das Publikum ist mit seiner Entscheidung über Leben und Tod der Fische auf sich allein gestellt. Das prekäre Leben der Fische hängt davon ab, welche Besucher_innen sich in der Ausstellung einfinden und ob sie es mit ihrem Gewissen vereinbaren können, einen der Mixer einzuschalten.

Im Verlauf der Vernissage in Trapholt wird zwei Mal einer der Mixer durch Ausstellungsbesucher_innen in Betrieb genommen, am folgenden Tag lassen weitere vierzehn Fische ihr Leben.[2] Danach wird auf Betreiben von Tierschützer_innen der Strom abgestellt, Künstler wie

1 Vgl. Anna Karina Hofbauer: Marco Evaristti und das offene Werk. In: Dieter Buchhart / Marie-Louise Erritzøe (Hrsg.): *Red Factions*. Ausstellungskatalog. Heidelberg: Kehrer 2008, S. 44–49, hier S. 44–46.

2 Zu den Zahlen vgl. Lars Blunck: Luft anhalten und an Spinoza denken. Zu Fragen der Publikumsbeteiligung in der zeitgenössischen Kunst. In: *Kunsthistorische Arbeitsblätter* 4 (2005), S. 75–86, hier S. 75; Dieter Buchhart / Anna Karina Hofbauer: Sollen wir alle Menschen verklagen, die Meeresfrüchte essen? In: *Kunstforum International* 162 (2002), S. 270–279, hier S. 271. In Dornbirn drückte eine Besucherin den Knopf, „wohl wissend, dass sie auf Video aufgenommen wurde, während sie ein Goldfischleben beendete." (Hofbauer: Marco Evaristti und das offene Werk, S. 46.)

Museumsleiter müssen sich vor Gericht verantworten und werden in erster Instanz zu einer Geldstrafe verurteilt. Später entscheidet ein Gericht, die humanste Methode, einen Goldfisch zu töten, sei die schnelle Enthauptung, und spricht beide von den Vorwürfen frei.[3] Über Evaristtis Arbeit wird im Nachgang in der Newsgroup H-Animals heftig diskutiert. Eine Wissenschaftlerin von der Universität Kopenhagen berichtet dort, ein Journalist und damit die Sensationssucht der Medien und ihrer Leser_innen sei der Auslöser für den ersten toten Fisch gewesen: „But it seems that the first button was pushed due to a journalist that asked a visitor at the exhibition to do it."[4]
Evaristti behauptet, wenig glaubwürdig, es sei nicht seine Intention gewesen, dass tatsächlich einige der Tiere zu Tode kommen, denn es sei offensichtlich gewesen, dass der Knopf nicht gedrückt werden dürfe:

> Das Publikum weiß, dass in einem Museum kein Kunstwerk angegriffen werden darf. [...] Es war eine Überraschung für mich und auch [für den Museumsleiter] Peter Meyer, dass Leute den Knopf gedrückt haben. Ich habe es nicht erwartet.[5]

Im gleichen Interview erklärt er allerdings auch:

> Diese Arbeit wäre heute nicht dieselbe, hätte niemand den Knopf betätigt. Das war die Intention der Arbeit, wenn ich natürlich auch tausende anderer Gedanken hatte, die im Endeffekt zu einer großen Idee geworden sind. Es gibt diese parallelen Gedanken zu diesem roten Knopf und die Macht des Menschen, ein Leben zu zerstören. Es ist nicht Teil der Ausstellung, aber es war Teil der Idee.[6]

Evaristti nennt seine Installation selbst ein „soziales Experiment"[7], dazu gedacht, die Menschen in drei Gruppen einzuteilen:

3 Vgl. Interview mit dem Künstler in der Zeitschrift *Antennae. The Journal for Nature in Visual Culture*, in dem Evaristti auf die Frage nach den Schwierigkeiten, in die ihn die Installation brachte, antwortet: „At the end of the show, there was a trial where the ruling stated that the most humane way to kill a fish is to decapitate it very quickly. So as for the legal trouble they soon faded." (Eric Frank / H-Animal Readers: Marco Evaristti: Helena. In: *Antennae. The Journal for Nature in Visual Culture* 5 (2008), S. 30–32, hier S. 32.)

4 Anne Katrine Gjerløff in der Newsgroup H-Animals, Abdruck in Auszügen: H-Animal Readers: The Goldfish Thread. In: *Antennae. The Journal for Nature in Visual Culture* 5 (2008), S. 33–42, hier S. 37.

5 Marco Evaristti im Interview mit Buchhart / Hofbauer: Sollen wir alle Menschen verklagen, S. 273.

6 Ebd.

7 Ebd.

> Die eine Gruppe sind die Sadisten, da jeder Mensch diesen animalischen Instinkt zum Überleben in sich trägt. [...] Die zweite Gruppe ist jene der Voyeure, die zuschauen, aber nicht selbst beobachtet werden wollen. [...] Die dritte Gruppe sind die Moralisten, die einfach lieben, häufig ohne Hintergrundwissen, eine Situation zu moralisieren.[8]

Auch seine eigene Rolle bezeichnet Evaristti als voyeuristisch. Viel treffender ist es jedoch, ihn mit einem (verrückten?) Wissenschaftler zu vergleichen. *Helena* ist nicht nur ein soziales Experiment, es ist ein veritabler Versuchsaufbau mit einer quantifizierbaren Anzahl von Versuchstieren und -menschen, die unter festgelegten Bedingungen aufeinandertreffen. Das Experiment ist wiederholbar. Mit der Wiederholbarkeit geht die Verifikation der Ergebnisse einher, die in etwa lauten könnten: Der Mensch tötet Tiere, weil er kann, aus schlichter Neugier darauf, ob er kann. Der Skandal, der sich daraus unweigerlich und unabhängig vom Ort der Ausstellung ergibt, wird dadurch ausgelöst, dass der Tod der Tiere öffentlich und im Verständnis vieler Menschen nicht institutionell gerechtfertigt stattfindet. Sie sterben einen ‚sinnlosen' Tod für die Kunst im Gegensatz etwa zu Tieren, die gejagt, zu Fleisch oder Leder verarbeitet werden oder die eine (gefühlte) Gefahr für den Menschen oder seine Haustiere darstellen.
Mit der vorgegebenen Einteilung der Ausstellungsbesucher_innen und anderer Beteiligter wie den Medienvertreter_innen lässt Evaristti für sein Experiment keinen positiven Ausgang zu, wie Helena Pedersen und Bryndís Snæbjörnsdóttir feststellen:

> Evaristti's brutal tactics of forcing the spectator face-to-face with the ethical dilemmas of human-inflicted animal death [...] leaves the spectator with a feeling that there is essentially no way out – neither for the animal nor for the human.[9]

Keine der Rollen, die Evaristti den Beteiligten zuweist, ist positiv besetzt und jede der vorgesehenen Verhaltensweisen hat einen unangenehmen Beigeschmack. Bei der Installation von *Helena* 2006 in Österreich in der Ausstellung *Destroyed Worlds and the Utopia of Reconstruction*[10] allerdings findet eine Gruppe von Aktivist_innen eine

8 Ebd.

9 Helena Pedersen / Bryndis Snæbjörnsdóttir: Art, Artistic Research and the Animal Question. In: *ArtMonitor* 3 (2008), S. 109–123, hier S. 116.

10 Vgl. Dieter Buchhart / Anna Karina Hofbauer / Andrea Domesle (Hrsg.): *Zerstörte Welten und die Utopie der Rekonstruktion*. Ausstellungskatalog. Nürnberg: Verlag für moderne Kunst 2006.

Möglichkeit, sich der Versuchsanordnung Evaristtis zu entziehen, ohne sie zu ignorieren: Sie dringen in den Ausstellungsraum ein, retten die Goldfische und zerstören die Mixer – ein Bildersturm als Statement und Befreiungsschlag, den Evaristti in seinem Konzept für *Helena* offenbar nicht mitgedacht hatte: „I don't know who they were. I was very worried to hear of their reaction as I found it extreme."[11]

Künstler als Versuchsleiter, Publikum als Teilnehmer?

Unabhängig davon, wie man die Qualität eines Kunstwerks einschätzt, das, wie Lars Blunck schreibt, offensichtlich eine „Kettenreaktion (Sadismus – Voyeurismus – moralischer Aufschrei)"[12] intendierte, ist die Rolle des Künstlers in diesem inszenierten Experiment eine eingehendere Betrachtung wert. Zunächst ist festzuhalten: Der Künstler bleibt unsichtbar, er ist im Falle von *Helena* überhaupt nicht anwesend und hinterlässt in der Ausstellung keinerlei schriftliches Zeugnis darüber, wie mit seinem Werk zu verfahren sei. Er konstruiert einen Versuchsaufbau, in dessen Rahmen sich die Ausstellungsbesucher_innen entscheiden müssen: den Knopf zu drücken oder ihn nicht zu drücken. Der Künstler erhebt sich derweil über die ‚Sadisten', ‚Voyeure' und ‚Moralisten' gleichermaßen, er studiert sie wie ein Forscher im Labor seine Versuchsratten.

Helena wird, so die Intention, als Idee in den Ausstellungsraum gesetzt und vollendet durch die Ausstellungsbesucher_innen, die sich entscheiden, einen der Fische per Knopfdruck zu töten. Christian Kravagna unterscheidet drei Formen der Publikumsbeteiligung, wobei Mischformen selbstverständlich möglich sind: Partizipation, Interaktivität und kollektives Handeln. Kollektives Handeln „meint Konzeption, Produktion und Ausführung von Werken oder Aktionen durch mehrere, wobei unter diesen hinsichtlich ihres Status nicht grundsätzlich differenziert wird."[13] Interaktivität lässt Reaktionen der Betrachter zu, die „das Werk in seiner Erscheinung – meist momentan, revidierbar und wiederholbar – beeinflussen, seine Struktur aber nicht grundlegend

11 Frank / H-Animals Readers: Marco Evaristti, S. 32.

12 Blunck: Luft anhalten, S. 76.

13 Christian Kravagna: Arbeit an der Gemeinschaft. Modelle partizipatorischer Praxis. In: Marius Babias / Achim Könneke (Hrsg.): *Die Kunst des Öffentlichen. Projekte, Ideen, Stadtplanungsprozesse im politischen, sozialen, öffentlichen Raum*. Dresden: Verlag der Kunst 1998, S. 28–46, hier S. 30.

verändern oder mitbestimmen."[14] Partizipation ist die Form, für die sich Kravagna in seinem Text interessiert. Sie „geht zunächst einmal von einer Differenzierung zwischen Produzierenden und Rezipierenden aus, ist an der Beteiligung letzterer interessiert und überantwortet ihnen einen wesentlichen Anteil entweder schon an der Konzeption oder am weiteren Verlauf der Arbeit."[15] Die Arbeiten, die Kravagna anführt, teilen das Ziel, mittels der Kunst eine Form der Gemeinschaft auf Zeit oder auch auf Dauer zu konstituieren oder abzubilden. Immer dort, „wo es um die Selbstkritik der Kunst geht, um die Infragestellung des Autors, um die Distanz der Kunst zum ‚Leben' und der Gesellschaft"[16], gehe es in der Kunst des 20. Jahrhunderts, so Kravagna, um Partizipation.

Evaristti sieht *Helena* erst durch die Beteiligung des Publikums als vollendetes Werk an. Beteiligen sich die Ausstellungsbesucher_innen nicht in der vorgesehenen Weise, „wird die Arbeit nur zu einer Ikone, oder einer Repräsentation von dem, was ich machen wollte."[17] Damit ist die Beteiligung des Publikums wesentlich für die Konstitution des Werks, es ließe sich damit als Partizipationskunst im Kravagna'schen Sinne betrachten. Allerdings fehlt Evaristtis Arbeiten die Idee des gemeinschaftlichen Erlebens, denn wer den Knopf drückt, muss sich zuvor aus der passiven Besuchergruppe lösen. Auch die tendenziell positive Auffassung der Gemeinschaftsbildung im Rahmen geteilter Praxis fehlt bei Evaristti, seine Gesellschaftsvorstellung, wie sie in *Helena* zum Ausdruck kommt, ist eher dystopisch und von einem negativen Menschenbild geprägt.

Die Rollenverteilung ist also klar: Der Künstler überlegt sich eine Versuchsanordnung, die er im Ausstellungsraum umsetzt. Die Besucher_innen sind die Probanden, deren Verhalten untersucht werden soll und die anhand ihrer Reaktionen in unterschiedliche Gruppen eingeordnet werden können. Der Tod der Goldfische ist der Umstand, an dem sich die Emotionen entzünden sollen. Als Ergebnis dieses Experiments ist damit von Anfang an die Tötung mindestens eines Fischs vorgesehen, denn ohne diesen Tod bleibt das Werk Konzept und der mediale Aufschrei aus. *Helena* ist zu einem Teil der Debatte

14 Ebd.
15 Ebd.
16 Ebd.
17 Buchhart / Hofbauer: Sollen wir alle Menschen verklagen, S. 279.

um ethische Verpflichtungen von Künstler_innen geworden, die (nicht nur) in den Human Animal Studies geführt wird. Evaristti allerdings gibt zu Protokoll, man solle doch nicht über ein paar tote Goldfische diskutieren, die Welt habe viel drängendere Probleme.[18]

Der Unterschied zwischen Töten und Morden

Donna Haraway hat in *When Species Meet* auch über die ethischen Implikationen des Tötens von Tieren geschrieben. Sie geht von einem Unterschied zwischen ‚morden' und ‚töten' aus, aus dem sich ableiten lässt, dass der Mensch nur gegenüber seinesgleichen moralisch verantwortlich ist – das Tier wird zum Opfer, das nicht zu einer Antwort, sondern nur zu einer Reaktion in der Lage ist. Haraway schreibt in Anlehnung an Jacques Derrida:

> Within the logic of sacrifice, only human beings can be murdered. […] Every living being except Man can be killed but not murdered. […] Derrida understood that this structure, this logic of sacrifice and this exclusive possession of the capacity for response, is what produces the Animal, and he called that production criminal, a crime against beings we call animals.[19]

Haraway zielt auf eine Abkehr von der ‚Logik des Opfers', das bedenkenlos getötet werden kann. Wichtiger noch scheint für die Autorin aber die Infragestellung der Unterscheidung zwischen ‚töten' und ‚morden' zu sein, zwischen denen, die man ungestraft töten darf, weil sie, wie Haraway sagt, „killable" sind und denen, die durch Sanktionen geschützt sind. Als Gegengewicht zur Utopie einer Welt, in der weder Mensch noch Tier ihr Leben lassen müssen, entwirft Haraway ein neues Gebot: aus ‚Thou shalt not kill' wird ‚Thou shalt not make killable'.[20]

Haraway geht von einer Gesellschaft aus, die dem Töten nicht entkommen kann und, dies ist der wichtige Punkt, nicht mehr versuchen sollte, diese Tatsache zu ignorieren. Es geht nicht darum, das Töten zu bannen, sondern darum, die Verantwortung dafür anzunehmen und an ihr zu tragen:

18 „To be honest people's harsh reactions surprised me as we, in my opinion, are surrounded by problems that are so much more serious that we encounter every evening watching the news" (Frank / H-Animals Readers: Marco Evaristti, S. 32).

19 Donna J. Haraway: *When Species Meet*. Minneapolis: University of Minnesota Press 2008, S. 78.

20 Vgl. ebd., S. 80.

> […] human beings must learn to kill responsibly. And to be killed responsibly, yearning for the capacity to respond and to recognize response, always with reasons but knowing there will never be sufficient reason. […] I do not think we can nurture living until we get better at facing killing. But also get better at dying instead of killing. Sometimes a 'cure' for whatever kills us is just not enough reason to keep the killing machines going at the scale to which we (who?) have become accustomed.[21]

Aus dieser Forderung nach Verantwortlichkeit leitet Haraway, wiederum angelehnt an Derrida, ein Konzept der ‚response' statt ‚reaction' ab und kann so die Nutzung und Tötung von Tieren rechtfertigen. Verantwortlichkeit für das Leben und Sterben eines Tieres ist in diesem Zusammenhang weniger kollektiv zu verstehen, sondern als individuelle Pflicht. Das Töten eines Tieres soll zu einer Handlung werden, die nicht unbedacht erfolgt. Erkennt man seinem Gegenüber, ob Mensch oder Tier, zu, im Sinne einer ‚response' antworten zu können, ergibt sich wiederum ein Gefühl für das ethisch Richtige und das Bedürfnis, entsprechend zu handeln. Eine ethische Wissenschaft wird also stets unter der Prämisse der ‚response' stattfinden müssen.[22]

Es ist genau diese Grundannahme, die Marco Evaristti in seiner Versuchsanordnung verletzt: Er gesteht seinen Versuchstieren eben keine ‚response' zu und degradiert sie so zu Objekten, die ohne Konsequenzen im Mixer getötet werden können. Die Moralisten beschweren sich zu spät und greifen nicht aktiv ein. Ein Ausweg kann in der Aktion der ‚unbekannten Moralisten' gesehen werden, die weder mit Ignoranz noch mit Akzeptanz auf Evaristtis perfide Versuchsanordnung reagieren, sondern die Tiere befreien und die Mixer zerstören.

21 Ebd., S. 81–82.

22 Die Begrifflichkeiten, die Haraway entwickelt, sind weit komplexer, als sie hier dargestellt werden können. U. a. entwickelt sie die Idee des Nachempfindens von tierlichem Leiden etwa in der medizinischen Forschung – als Beispiel dient ihr die fiktive Figur Baba Joseph, der seinen Arm den Tsetsefliegen aussetzt, wie er ihnen auch die Versuchsmeerschweinchen aussetzt, die er versorgt; vgl. ebd. im Kapitel „Sharing Suffering", S. 69–93.

Produktives Töten in der Kunst

Über den Tod des Tieres in der Kunst schreibt Jonathan Burt, seine Allgegenwart sei kaum zu ignorieren:

> It is difficult to avoid the presence of death, killing, and sacrifice at all levels of enquiry into animal representation. […] Furthermore, […] the symbolic networks that determine the relative status of living beings find their key dividing lines created and reinforced by the act of sacrifice: killing as the ground of difference.[23]

Steve Baker hat den Symbolgehalt des Tieres in *Picturing the Beast*[24] beschrieben. Durch seinen Tod wird dieser noch erhöht, insbesondere, wenn dieser Tod im Rahmen der Kunst öffentlich stattfindet, sozusagen als Opfer für die Kunst – ein Konzept, das archaisch anmutet in Zeiten, in denen Tiere durch ausgeklügelte Mechanismen, in Massen und abseits der Öffentlichkeit geschlachtet werden. Es ist ebenfalls Steve Baker, der in *Killing Animals* fragt: „Can contemporary art productively address the killing of animals?“[25] Gehen wir davon aus, dass ein ‚produktiver‘ Tod in diesem Zusammenhang eine künstlerische Bedeutung verlangt, die weit über den Akt des Tötens hinausweist, so muss dies im Falle von *Helena* wohl verneint werden. Die, wie Lars Blunck schreibt, „treuherzigen Unschuldsbeteuerungen“[26] des Künstlers auf der einen, das eher begrenzte künstlerische Konzept auf der anderen Seite lassen im Grunde einzig die Provokation übrig, die sicherlich nicht produktiv im Sinne Bakers genannt werden kann und daher nicht den Tod eines Tieres für die Kunst rechtfertigt.

In jedem Fall gilt für die Arbeit, dass Evaristti die Goldfische zum Töten freigibt, sie also im Sinne Haraways ‚killable‘ macht und gleichzeitig jede Verantwortung dafür von sich weist, auch indem er als Künstler überhaupt nicht in Erscheinung tritt. Gleichzeitig macht er es den Besucher_innen leicht: Ein Knopfdruck genügt, schon wird ein Fisch püriert. Durch die Haltung im Küchengerät werden die Fische in einer surrealen Situation gezeigt – so wird auch ihr Tod ins Surreale

23 Jonathan Burt: The Aesthetics of Livingness. In: *Antennae. The Journal for Nature in Visual Culture* 5 (2008), S. 4–11, hier S. 8.

24 Vgl. Steve Baker: *Picturing the Beast: Animals, Identity, and Representation*. Manchester / New York: Manchester UP 1993.

25 Vgl. Steve Baker: ‘You Kill Things to Look at Them’: Animal Death in Contemporary Art. In: The Animal Studies Group (Hrsg.): *Killing Animals*. Urbana / Chicago: University of Illinois Press 2006, S. 69–98.

26 Blunck: Luft anhalten, S. 75.

und Komische verschoben. Ablesen lässt sich dies z. B. am Spielzeug, das zum Zeitpunkt der Ausstellung von *Helena* im Museumsshop verkauft wird. Der Museumsleiter lässt Spielzeugmixer aus Japan importieren, in denen, wie Evaristti berichtet, ein Fisch ruft „Schalt es aus! Schalt es aus! Aaaaaah…“[27] In Evaristtis Versuchsanordnung ist es unmöglich, das Tier als Einzelnes wahrzunehmen und ihm von Angesicht zu Angesicht zu begegnen, um in dieser Begegnung irgendeine Art von ethischem Handeln zu entwickeln. Stattdessen wird das Tier Mittel zum Zweck der Kunst und verliert dabei seine Individualität. So lässt sich seine Tötung durch die einzelne Ausstellungsbesucherin nachvollziehen. Der Versuch des Künstlers, die moralische Verantwortung allein an sein Publikum zu delegieren, muss als gescheitert angesehen werden – Schuld und moralische Verantwortung sind in dieser Form nicht übertragbar.

Das Museum, in dem *Helena* 2000 zum ersten Mal ausgestellt worden war, zeigt die Arbeit in Form von mit Kunstharz ausgegossenen Mixern, in denen die toten Goldfische einen gewissen ästhetischen Reiz entfalten. Hinter Glas, geschützt vor Ausstellungsbesucher_innen und zum Artefakt umfunktioniert, bleiben die toten Fische erhalten – eine hemdsärmelige Version eines allseits bekannten, in Formaldehyd konservierten Hais.[28]

27 Vgl. Buchhart / Hofbauer: Sollen wir alle Menschen verklagen, S. 276.
28 Vgl. ebd., S. 271; auch H-Animal Readers: The Goldfish Thread, S. 36.

Auswilderung

Eine experimentelle Vermessung von Affe und Mensch

Carla Swiderski

Bettina Suleiman entwirft in ihrem Debütroman *Auswilderung*[1] ein fiktives Experiment, um den möglichen Personenstatus von Menschenaffen zu verhandeln. In diesem Artikel soll untersucht werden, wie mit Hilfe des Experiments die Grenze zwischen ‚Mensch' und ‚Tier' ausgelotet, aber auch wie das Experiment selbst reflektiert wird. Ob das dargestellte Verhalten der Tiere realistisch ist und der Versuch in Wirklichkeit ähnlich hätte verlaufen können, soll nicht betrachtet werden. Die wesentliche Frage ist die nach der literarischen Vermessung einer möglichen Tierethik, mit allen Besonderheiten, die Literatur von der Realität unterscheiden.

Der Text beginnt mit der Beschreibung einer Filmsequenz, in der zunächst ein Warnschild mit der Aufschrift *Mortal Danger – No Trespassing* gezeigt wird. Ohne zu klären, von was die tödliche Gefahr ausgeht und was das für eine Grenze ist, die nicht überschritten werden soll, wird berichtet, wie die Kamera herauszoomt und den Blick auf einen Zaun mit Stacheldraht und weiteren Warnschildern freigibt. Die ersten Anzeichen von Leben sind „[e]in Bellen, ein Grunzen"; Laute also, die gewöhnlich Tieren zugeordnet werden. Anschließend wird „[e]ine dunkle Gestalt" gesichtet, ein „nackte[r] Fuß, bis zu den Knien in Stacheldraht" und „Zehen, die sich um die Pfosten klammern".[2] Diese anatomischen Merkmale könnten einer menschlichen Gestalt gehören. Doch wenn die Aufmerksamkeit auf „die massige Gestalt selbst, den riesigen Schädel, die stark vorgewölbten Augenbrauen, das dichte Körperhaar"[3] gelenkt wird, erhält die Schilderung etwas Unheimliches. Sie endet schließlich mit der Frage „King Kong?".[4] Ein Verweis auf die wohl bekannteste Affenfigur der Filmgeschichte,

1 Bettina Suleiman: *Auswilderung*. Berlin: Suhrkamp 2014.

2 Ebd., S. 9.

3 Ebd.

4 Ebd.

der vermuten lässt, dass es sich bei dem beschriebenen Lebewesen um einen Affen handelt. Gleichzeitig wird mit dieser Referenz auf die kulturelle Verfasstheit des Mensch-Affen-Verhältnisses aufmerksam gemacht, in dem der Affe gerade durch seine große Ähnlichkeit mit dem Menschen zum Verhandlungsobjekt für die Mensch-Tier-Grenze wird. Auf diese scheint sich nun auch das Überschreitungsverbot zu beziehen. Die kategoriale Ambivalenz der Affen äußert sich hier in der uneindeutigen Beschreibung, der vermiedenen Nennung einer Spezies sowie dem Fragezeichen am Ende. Der Affe scheint eine Zwischenposition einzunehmen und eröffnet damit einen Raum des Uneindeutigen, des Monströsen, das die dichotome Ordnung bedroht und von dem daher, wie durch die Warnhinweise in der Filmsequenz verdeutlicht, Gefahr ausgeht.[5]

Das Filmmaterial, so erfährt man, zeigt den Auswilderungsversuch von Gorillas, die zuvor Teil eines UN-finanzierten Tierexperiments waren, in dem die „Personalität nichtmenschlicher Tiere“ verhandelt werden sollte. Das Ziel war „Klarheit, Daten und Expertise“ in die Diskussion um den Personenstatus von Menschenaffen als den nächsten Verwandten des Menschen zu bringen.[6] Dafür sollte die Assimilationsfähigkeit von Gorillas an die menschliche Lebensweise getestet werden, indem sie „bei Pflegeeltern aufwuchsen wie menschliche Kinder, Gebärdensprache lernten, Lesen und Schreiben, gute Manieren.“[7] Die Protagonistin

5 Auf die monströse Figuration des Affen wird an anderer Stelle direkt Bezug genommen: „Das ist schließlich kein Monster.“ (Ebd., S. 69.) Wobei erst diese Feststellung den Affen, und sei es in der Negation, in Beziehung zum Monströsen setzt. Vgl. auch Roland Borgards: Affen. Von Aristoteles bis Soemmerring. In: Ders. / Günter Oesterle / Christiane Holm (Hrsg.): *Monster. Zur ästhetischen Verfasstheit eines Grenzbewohners*. Würzburg: Königshausen & Neumann 2010, S. 239–253.

6 Beide Zitate Suleiman: *Auswilderung*, S. 34. Das Experiment ist fiktiv, aber die Diskussion um Personenrechte von Tieren findet auch außertextlich statt. Hier ist besonders das 1993 von Paola Cavalieri und Peter Singer gegründete *Great Ape Project* zu nennen, das sich für die Zuerkennung bestimmter Grundrechte (auf Leben, individuelle Freiheit und körperliche wie psychische Unversehrtheit) von Menschenaffen einsetzt. Für einen Einblick in die Debatte siehe u. a. Friederike Schmitz (Hrsg.): *Tierethik. Grundlagentexte*. Berlin: Suhrkamp 2014; Ursula Wolf (Hrsg.): *Texte zur Tierethik*. Stuttgart: Reclam 2015.

7 Suleimann: *Auswilderung*, S. 34. Zeitgleich mit dem Roman erschienen im Herbst 2014 fünf Essays von Suleiman auf *Zeit Online*. In einem der Essays schreibt sie über den Psychologen Winthrop Kellogg, der 1931 eine sieben Monate alte Schimpansin in seine Familie aufnahm, um sie zusammen mit seinem zehn Monate alten Sohn zu erziehen. Doch als dieser begann, die Schimpansin nachzuahmen, die sich hingegen nur wenig an die menschliche Lebensweise anpasste, wurde das Experiment

und Ich-Erzählerin Marina Heuter hat beim Versuchsleiter Griffin E. Wilder, einem renommierten Evolutionsbiologen und Direktor der Abteilung Vergleichende Psychologie am Leipziger Institut für Anthropologie und Genetik, promoviert und als Gebärdendolmetscherin an dem Experiment mitgewirkt.[8] In einem Rückblick wird erzählt, dass das Experiment 2005 mit einem Votum gegen einen Personenstatus von Menschenaffen endete. Ausschlaggebend waren die ungenügende Empathiefähigkeit, die mangelnde Selbstkontrolle sowie das fehlende Zeitbewusstsein.[9] Seit sieben Jahren leitet Griffin ein Folgeprojekt, bei dem die Gorillas ausgewildert werden sollen. Marina wurde nicht mehr gebraucht, denn die gewählte Strategie sah die Entwöhnung von menschlichen Attributen vor, wozu ein striktes Verbot sprachlicher Kommunikation gehörte.[10] Die Gorillas mussten zudem ihre Kleidung ablegen und die Weibchen durften sich die Gesichter nicht mehr rasieren, was zuvor begrüßt wurde, da dies „ein unbewusstes

abgebrochen (vgl. Bettina Suleiman: Selfies sind kein Grund für Hochmut. In: *Zeit Online*, 17.09.2014. http://www.zeit.de/wissen/2014-09/affe-menschkonditionierung (Zugriff am 30.05.2016)). Dies ist sicherlich nur eines der außertextlichen Vorbilder für den Experimentaufbau. Verwiesen sei auch auf literarische Vorläufer wie Michael Crichtons *Congo* (1980) und Peter Høegs *Die Frau und der Affe* (1997).

8 Hier deutet sich ein weiterer zentraler außertextlicher Referenzpunkt an: das Max-Planck-Institut für evolutionäre Anthropologie mit dem angeschlossenen Michael-Köhler-Primatenforschungszentrum unter der Leitung von Michael Tomasello und Josep Call, das Leipzig zum Zentrum der Primatenforschung in Deutschland macht. Interessant ist jedoch, dass die Versuche dort hauptsächlich mit Schimpansen durchgeführt werden und wurden, Suleiman aber Gorillas wählt. Darin könnte eine Reminiszenz an die Primatologin Dian Fossey versteckt sein, die bis zu ihrem rätselhaften Tod für eine Langzeitstudie gemeinsam mit Berggorillas in Ruanda arbeitete und lebte, worüber sie in *Gorillas in the Mist* (1983) berichtet. Unter ihnen befand sich auch ihr erklärter Liebling Digit, womit eine Parallele zur Beziehung von Marina und Yeh-teh bestünde.

9 Vgl. Suleiman: *Auswilderung*, S. 48.

10 Wird in der Wissenschaft darum gestritten, inwiefern Menschenaffen ein semantisches Verständnis der Gebärdensprache haben, muss der Roman sich in dieser Frage nicht festlegen. Allerdings bestimmt Marinas optimistische Sicht aufgrund der Ich-Erzählsituation die Tendenz des Textes. Vgl. zur Debatte in der Primatenforschung u. a. Thomas Suddendorf: *Der Unterschied. Was den Mensch zum Menschen macht.* Berlin: Berlin Verlag 2014, S. 92–123. Diese Veröffentlichung wird als Einblick in die aktuelle Forschung herangezogen, wobei zu bedenken ist, dass sie nur eine Position innerhalb einer kontroversen Diskussion wiedergibt, und zwar eine, die den menschlichen Exzeptionalismus betont. Die Probleme bei der Auslegung der Experimente sind zudem nicht textimmanent, sondern stellen sich auch bei der außertextlich betriebenen Wissenschaft.

Vorurteil ausschaltete: Wenn es ein Fell hat, ist es ein Tier."[11] Die Zugehörigkeit zur Tierwelt sollte wieder hergestellt werden und äußerlich erkennbar sein. Griffins leitende These für den Auswilderungsversuch, die Gorillas würden ungeachtet ihrer Sozialisation arttypische Verhaltensweisen annehmen, bestätigte sich allerdings nicht. Sie fanden sich in ihrer vermeintlich natürlichen Umwelt nicht wie prognostiziert instinktiv zurecht. Nach jedem Aussetzungsversuch bemühten sie sich, einen Weg zurück in die menschliche Gesellschaft zu finden. Als das Auswilderungsprogramm erste Leben kostet, wird Marina erneut ins Team geholt – was den Ausgangspunkt der Erzählung bildet.

Im Gespräch mit Marina erklärt Griffin die neue Strategie: „Wurzel des Problems ist das noch immer fehlende kognitive und emotionale Einverständnis der Versuchstiere in die Umsiedlung. Das beantragte Projekt setzt die explizite, verbalisierte Befürwortung der Umsiedlung durch die Versuchstiere voraus."[12] Marina solle das Alphatier überzeugen, die anderen würden dann schon mitziehen. An einem Versuch sind entgegen der Implikationen des Begriffs Versuchs*objekt* beide Seiten aktiv beteiligt, wenn die Versuchstiere auch für gewöhnlich weder bewusst noch selbstbewusst agieren.[13] Mit der Bedingung einer aktiven Einwilligung in das Experiment werden die Versuchstiere dem passiven Objektstatus enthoben, auch wenn sie nicht als Personen anerkannt werden, worunter selbstbewusste und frei handelnde Wesen mit Rechten und Pflichten verstanden werden.[14] Sie selbst sehen sich als Menschen und lehnen Bezeichnungen wie „Affe" und „Gorilla" ab: „‚Gorillas', das sind immer nur die anderen"[15]. Um dem Problem der kategorialen Bestimmung zu entgehen, wird mit dem „neutralen Begriff – ‚Subjects', Probanden"[16] gearbeitet. Die Arbeitssprache ist Englisch, daher leuchtet die Verwendung des englischen Terminus ein. Doch befindet er sich in einem deutschsprachigen Text, was zu einer semantischen Verschiebung führt. Allein das „c" bildet im Schriftbild

11 Suleimann: *Auswilderung*, S. 38.

12 Ebd., S. 27.

13 Vgl. Roland Borgards: Das Tierexperiment in Literatur und Wissenschaft. In: Michael Gamper (Hrsg.): *Experiment und Literatur. Themen, Methoden, Theorien.* Göttingen: Wallstein 2010, S. 345–360, hier S. 348.

14 Vgl. Heinrich Schmidt: *Philosophisches Wörterbuch*, überarb. v. Georgi Schischkoff. Stuttgart: Kröner 1991, S. 549; Suddendorf: *Der Unterschied*, S. 270.

15 Suleiman: *Auswilderung*, S. 118.

16 Ebd., S. 38.

die Minimaldifferenz zum Ausdruck Subjekt, das, dem *Philosophischen Wörterbuch* zufolge, ein handlungs- und erkenntnisfähiges Individuum bezeichnet,[17] was wiederum ein „Einzelwesen“ ist, „das nicht geteilt werden kann, ohne seine Eigenart [...] und seine Eigenexistenz, die nur in seiner Ganzheit beruht, zu verlieren.“[18] Weiterhin wird hier die nicht unumstrittene Position wiedergegeben, dass der Begriff „streng genommen nur auf die höheren Tiere (mit Einschluß des Menschen)“[19] anwendbar sei, sich historisch betrachtet aber eine zunehmende Verengung auf den Menschen beobachten lasse. In der Differenz bleibt der Ausschluss aller nicht-menschlichen Primaten aus dem Subjektbegriff im Subject erhalten.

Die Bezeichnung „Subject“ kann daher keine Neutralität gewährleisten, für die Bezeichneten ebenso wenig wie für die Bezeichnenden. Er verhindert nicht, dass Marina entgegen des wissenschaftlichen Neutralitätsgebots ein „Lieblingssubject“[20] hat: Yeh-teh. Marina meint, dass die Subjects nur mit ihr kommunizierten, „weil sie mich mochten, und nicht etwa, um der Wissenschaft zu dienen“[21]. Somit sei eine menschliche Beziehung zu ihnen Voraussetzung für das Experiment, auch wenn dies laut Griffin als Fehlerquelle in der Forschung zu vermeiden sei.[22] Die verschiedenen Kontrollmechanismen zur Sicherung wissenschaftlicher Standards werden durch die Etablierung einer persönlichen Ebene von Marina unterlaufen. Ihre emotionale Verwicklung äußert sich auch in der vermeintlich unvoreingenommenen Betrachtung. Als sie zum ersten Mal Videoaufnahmen von den Subjects während eines Auswilderungsversuchs sieht, ist sie sich „sicher, dass sie ganz aus dem Häuschen sind vor Glück.“[23] Erst langsam erkennt sie den verzweifelten Versuch, nach Hause zu finden und bemerkt: „Von Freude keine Spur mehr, es ist deprimierend, die Subjects stellen sich in freier Wildbahn kaum geschickter an als, sagen wir, Griffin und ich es täten“.[24] Entgegen der proklamierten Neutralität tritt Marinas

17 Vgl. Schmidt: *Philosophisches Wörterbuch*, S. 703.
18 Ebd., S. 332.
19 Ebd.
20 Suleimann: *Auswilderung*, S. 41.
21 Ebd.
22 Vgl. ebd., S. 40–41.
23 Ebd., S. 11.
24 Ebd., S. 12.

anthropomorphisierende Sichtweise schon in der schlichten Beschreibung hervor, genauso wie ihre biologistische Vorannahme, dass die Auswilderung das artspezifische Glück bedeute. Eine genaue Betrachtung des Berichts der Erzählerin lässt die Frage nach der generellen Möglichkeit einer unvoreingenommenen wissenschaftlichen Auslegung aufscheinen.

Mit diesem Gedanken soll noch einmal die Begründung angesehen werden, den Menschenaffen den Personenstatus nicht zuzusprechen. Der erste Punkt ist die ungenügende Empathiefähigkeit, die über die Zeigegeste getestet wird. Menschen, heißt es, „seien empathisch genug, sie könnten sich in ihr Gegenüber hineinversetzen und die Intention hinter der Geste verstehen."[25] Die Subjects bestehen den Test hingegen nicht. Als Marina den Ablauf von Yeh-tehs Prüfung rekapituliert, wird deutlich, dass Aufbau und Deutung des Versuchs zu einer Verfälschung des Ergebnisses geführt haben. Wie es scheint, hat Yeh-teh die Geste verstanden, nicht jedoch die Testfrage. Auch sieht Marina in seinem individuellen Kommunikationsverhalten eine Quelle für Übersetzungsfehler, da von ihm formulierte Fragen leicht mit Aufforderungen verwechselt werden und umgekehrt. Sie klärt beides nicht auf, weil von diesem Test abhängt, ob Yeh-teh in einem Tierasyl oder Zoo unterkommt oder aber am Auswilderungsprogramm teilnimmt.[26] Der zweite Punkt ist die mangelhafte Selbstkontrolle. Mit dem sogenannten Marshmallow-Test von Walter Mischel sollte herausgefunden werden, ob die Subjects Selbstdisziplin besitzen, was bedeuten würde, dass sie nicht nur triebgesteuert reagieren, sondern auf freiem Willen beruhend handeln könnten.[27] Der Test verläuft so, dass ihnen eine zweite Erdnuss versprochen wird, wenn sie die erste nicht sofort essen, sondern sich gedulden. Doch „erwartungsgemäß war es mit ihrer Selbstkontrolle nicht weit her"[28], was, so suggeriert Marina, an der geringen Belohnung gelegen haben mag. Der dritte Punkt besteht im fehlenden Zeitbewusstsein. Da der Begriff von Vergangenheit und Zukunft als

25 Ebd., S. 103. Das Verstehen des deklarativen Zeigens gilt in der Psychologie als empathisch, da es ein Interesse an den mentalen Prozessen anderer aufweist (vgl. Suddendorf: *Der Unterschied*, S. 169).

26 Vgl. Suleimann: *Auswilderung*, S. 103.

27 Dieser Test wurde zum Prüfen der Selbstkontrolle von kleinen Kindern entwickelt (vgl. Suddendorf: *Der Unterschied*, S. 269).

28 Suleimann: *Auswilderung*, S. 84.

eine Voraussetzung für Personalität gilt, soll ein weiterer Test Auskunft darüber geben, ob Menschenaffen ein episodisches Gedächtnis haben.[29] Yeh-teh besteht den Test zur Vergangenheit nicht. Demnach müsste er das Versprechen, als Marinas Schutzengel arbeiten zu dürfen, bald vergessen haben. Entgegen dieser Annahme kann er sich noch nach Jahren daran erinnern. Schließlich ist es die Aussicht auf ein Einlösen, mit der Marina ihn zur Auswilderung überreden kann. Später erfahren wir, dass Marina auch diesen Test verfälschte. Ein zweiter Versuch zum Zeitbewusstsein soll über die Kenntnis von Zukunft Aufschluss geben. Den Subjects werden zwei Kisten mit Bananen angeboten. Wählen sie diejenige, die mit mehr Bananen gefüllt ist, zeuge das von einer Sorge um die zukünftigen Bedürfnisse. Die Subjects versuchen durchaus, die Kiste mit den meisten Bananen zu ergattern, aber nur bis zu einer Menge, die sie sofort verzehren können. Wird diese Menge überstiegen, interessiert es sie nicht mehr, welche Kiste sie bekommen.[30] Damit bestehen sie auch diesen Test nicht.

Gegen Ende des Romans beichtet Marina, dass sie nicht nur unbewusst, sondern auch vorsätzlich über Jahre hinweg das Experiment manipuliert hat, um den Gorillas ihrer Vorstellung entsprechend zu einem guten, artgerechten Leben zu verhelfen:

> Es gab [...] genug Gelegenheiten, Yeh-teh unbemerkt ein paar Tipps zu verraten. Auch, dass es eine akkurate Doppelblindstudie war, dass angeblich keiner von uns die richtige Antwort kannte, die Subjects nicht, die Versuchsleiter nicht und ich auch nicht, war kein Problem. Wir machten jeden Versuch zweiundsiebzig Mal, einmal mit jedem Subject, und nach ein paar Malen konnte ich mir zusammenreimen, was Yeh-teh sagen müsste, um auf der sicheren Seite zu sein; der Seite, die in den Dschungel führte und nicht in den Zoo.[31]

Können wir aus all den Experimenten also keine gesicherten Schlüsse ziehen, so tragen sie dennoch zur Konstitution von Mensch und Affe innerhalb der Textlogik bei. Denn nicht nur die Subjects, auch Marina lässt sich auf die drei Kriterien für die Zuerkennung des Personenstatus beziehen. So spricht sie sich erstens eine „überdurchschnittliche

29 Vgl. ebd., S. 134. Derzeit wird in der Primatenforschung wohl überwiegend davon ausgegangen, dass Menschenaffen kein Zeitbewusstsein besitzen (vgl. Suddendorf: *Der Unterschied*, S. 144). Außerdem wird der Umgang mit Zeit in der Psychologie als wichtige Variable zur Charakterisierung von Persönlichkeiten gesehen (vgl. ebd., S. 135).

30 Vgl. Suleiman: *Auswilderung*, S. 164.

31 Ebd.

Empathiefähigkeit"[32] zu. Doch ignoriert sie alle Hinweise darauf, dass die Sozialisation für die Subjects von großer Bedeutung ist. Auch lehnt sie die These ihres Kollegen John, die Lebensqualität könne für die Gorillas in von Menschen geführten Institutionen höher sein als im Dschungel, entschieden ab, ohne den Experimentverlauf und die Eigenaussagen der Subjects zu berücksichtigen. Erst ein schwerer Kletterunfall Yeh-tehs führt dazu, dass sie ihre Idealvorstellung vom artgerechten Leben in der freien Natur überdenkt. Zweitens beschreibt sie sich anhand des Marshmallow-Tests als „erfolgreiche Erwachsene", denn „[m]ein Einkommen war besser als das meiner Altersgenossen, meine Bildung höher, und ich war bereit, härter als andere für meine Ziele zu arbeiten und niemals, niemals aufzugeben."[33] Als Yeh-teh gefragt wird, was sein größter Wunsch sei, antwortet er Arbeiten, was laut Marina gleichbedeutend ist mit Menschsein.[34] Konsequenterweise misst der Marshmallow-Test vor allem die „Leistungsbereitschaft", die im aktuellen Gesellschaftssystem idealerweise immer das „Maximum" erreichen sollte. Er bietet hingegen keinen Maßstab für ein glückliches Leben.[35] Betrachtet man drittens Marinas Verhältnis zur Zeit wird deutlich, dass das Wissen um die Zukunft sie vor allem zu einem Aufschieben von persönlichen Bedürfnissen zugunsten ihrer Karriere geführt hat. Sie ist mit der Arbeit „verheiratet"[36] und opfert ihr jegliches Privatleben. Die Angst vor der ungewissen Zukunft nimmt sie als Unfreiheit wahr, die den Menschen als frei handelndes Wesen begrenzt. Weiterhin ist auch die Sorge um die Zukunft ein Grund für das scheinbar nie zu befriedigende Bedürfnis nach Besitz. Denn die stille Annahme hinter dem Bananen-Test ist, dass ein Mensch *immer* auf Gewinnmaximierung aus ist.

Die Unfreiheit des vermeintlich (einzigen) freien Wesens manifestiert sich bildlich, wenn die Menschen auf der afrikanischen Insel, die für den letzten Auswilderungsversuch ausgesucht wurde, hinter Gitterstäben leben, die sie vor den Menschenaffen schützen sollen. Dabei merkt Marina an, es seien vielmehr „die Kulturgesetze, die mir Angst machten mit ihrer Künstlichkeit und Beliebigkeit", sie erschienen ihr

32 Ebd., S. 165.

33 Ebd., S. 84.

34 Vgl. ebd., S. 165.

35 Ebd., S. 82.

36 Ebd., S. 85.

wie „ein unmerkliches Engerschnüren eines unsichtbaren Korsetts".[37] Sie erkennt ihre fehlgeleitete Sicht auf sich selbst und Yeh-teh: „Ich bin die, die mit Menschen nicht klarkommt, mit Tieren umso besser. Und er ist der, der alles Mögliche auf sich nimmt, um unter Menschen zu leben, einer von ihnen zu sein. [...] Was ich für ihn gewollt habe, eigentlich habe ich es die ganze Zeit nur für mich selbst gewollt."[38] In ihr erwacht die Sehnsucht, der Gesellschaft der Menschen zu entfliehen und sich selbst auszuwildern. Nach einem Versuch, die Gitterstäbe zu überwinden, wird Marina nach Leipzig zurückgeschickt. Um auf die Insel zurückzugelangen, legt sie ihre Manipulationen an der Studie offen, erklärt aber, Griffin habe sie dazu genötigt. Daraufhin wird Griffin unehrenhaft entlassen und Marina darf auf die Insel zurück. Die Gorillaweibchen sind derweil gestorben. Wie John während eines Besuchs herausfindet, war eine giftige Pflanze daran schuld, die vom örtlichen Koch wegen ihrer halluzinogenen Wirkung eingeschmuggelt worden war. Marina beschließt, die Pflanze unbemerkt zu vernichten, denn solange die Todesursache unbekannt ist, läuft das Projekt weiter und sie kann bei Yeh-teh bleiben, inzwischen ohne trennende Gitterstäbe.

Die Insel, die den Schauplatz für den harmonischen Schluss bietet, ist für das Experiment künstlich bepflanzt worden und hat mit der Vorstellung von „Wildnis" und der „wirklichen Natur"[39] wenig gemein. Vielmehr ist sie der Beweis, dass der Mensch kraft seiner Fähigkeit zum freien, bewussten Handeln durchaus in der Lage ist, selbst ein Paradies zu schaffen. Marina nutzt dies, um aus dem Kreislauf von Arbeit, Besitz und Gewinnmaximierung auszubrechen. Sie entflieht der Menschengesellschaft und entscheidet sich gegen die Anhäufung von Gütern und Leistungsnachweisen. Man darf annehmen, dass die Befreiung respektive Auswilderung eine Prioritätenverschiebung zur Folge hat, die wohl dazu führen würde, dass sie die Tests, die zur Prüfung des Personenstatus angewandt wurden, selbst nicht bestünde. Doch wäre dies in ihren Augen wohl kein Scheitern, sondern spräche im Gegenteil für eine Lebenseinstellung „ohne ferne Ziele, ohne diffuse Ängste, ohne Ehrgeiz"[40]. Stellt man nun die Frage, inwiefern das Experiment

37 Suleiman: *Auswilderung*, S. 160.

38 Ebd., S. 191–192.

39 Ebd., S. 169.

40 Ebd., S. 164.

tatsächlich zur Bestimmung des Mensch-Tier-Verhältnisses beitragen konnte, bleibt vor allem die Verunsicherung über die beiden Kategorien sowie der Zweifel an den Bemessungsmethoden – im wie außerhalb des Textes. Sowohl die psychologischen Tests als auch die juristische Auseinandersetzung mit dem Personenstatus scheinen ungeeignete Werkzeuge für die Diskussion um das Wesen und darüber, wie ein gutes Leben auch gemeinsam mit anderen Lebewesen aussehen kann. Über den Spagat einer anthropomorphisierenden und zugleich naturalisierenden Weltsicht erreicht der Text am Ende eine Haltung, die sich vom anthropozentrischen Weltbild wegbewegt und eine paradiesische Idylle der friedlichen, hierarchiefreien Koexistenz von Menschen und Affen, Menschenaffen und Affenmenschen entwirft.[41]

41 Es sei hier auf die Möglichkeit hingewiesen, Marina und Yeh-teh mit dem paradiesischen Paar gleichzusetzen, zumal das Hotel auf dem Festland gegenüber der Insel *Adam & Eve* heißt (vgl. ebd., S. 256). Aber dieser Deutungsebene soll an dieser Stelle nicht weiter nachgegangen werden.

Hirnentzündung. Im Prinzip reversibel
Oder was meinen Sie

Ratten kraxeln, alle eintausendundachtzig
An der Belastungsgrenze lang, absolut
Ich betrachte, gewichte: fachgerechter Tod
Kopfzerbrechen, infauste Prognose

Jemand kommt und prüft
Meine Unplausibilität.[1] Ich beschwere mich[2]
Und bleibe liegen. Ethischer Fehler
Im Dopaminsystem

1 Verbesserungsvorschlag: Plausibilität
2 Vermeidung vermieden

Selbstversuch: Heim finden (verhalten)

An der Kreuzung
Nebraska mit Mendeleevskaya
Richtung arktische Gewässer
Bewegt sich etwas
Tierlich. Nichts
Anderes habe ich erwartet
Duftschuppen, Wind
Und Federspiel[1]

Neben mir die Monarchentochter
Sie ist wie ich
Zum ersten Mal an diesem Ort
Diasporen sammeln, religiöse Flügel
Samen, die Vokabeln
Von dem etwas abgenutzten Boden
Für die Wunderkammer oder die
Kunsthistorische
Natur

Auch meine Sprache ist schon ziemlich
Abgeflogen, doch
Im Verlaufen biete ich noch
Meine goldene Plazenta für eine
Dosis Magnetiterhöhung im Gehirn

Das lockt auch die Hüter und die Rüden
Vom Ochotskischen Meer und die Hybrid
Kaniden aus der alten
Neuen Welt

Wir teilen alles
Milchgras, Trinknapf, Monatsmarke
Der Blauwal hat die Daten

Wir holen Luft
Aus dem Lastenaufzug
Und tauchen ab[2]

1
Meine Brieftaube schaut traurig

2
Vide supra
Ich gebe nun der Taube
Meinen Pass und
Lass sie
Heimwärts
Wenn sie das
Denn will

Mara-Daria Cojocaru

Anstelle einer Unterwerfung (Auszüge)
2014–2016

On Debarking

Manhattan
Du und was dieser Beagle
Dir vertraut

In den Momenten
Die abpellen. Kehliges
Abrinden der Stimme
Sorgsam, wie Paul
Kriegsfeld Tibbets
Den tickenden *Little Boy*
Kitzelte, handhabte
Bist du hier gelandet

Mit deinem kleinen Jungen
Nun zieh weiter
Am Stimmband. Nicht
Ein Wort, Ventriculo
Cordectomie, von
Deinem Hund

Jahre ohne Sommer

Meermädchen, gegen diesen Himmel sind alle
Papageien grau. Doch

Irgendwie quillt mir das Herz auf. *Heute*
Ist der erste schöne Tag. Warst du
Nicht, früher mal, die Dugongdame von Tambora
Oder nur von Nicobar? Vielleicht
Vor zehn, vielleicht vor zwei mal hundert Jahren
Weißt du noch, wie das war
Pyroklastische Seegrasvernichtung und was
Für ein Verschluss der Unterwasserwelt
Daran waren die noch nicht mal
Schuld, in anderen Fällen: superkolossal

Behalt nur ihre Hungertaler
Als deinen Talisman

Ach, Meermädchen, selbst die Schatten
Berühren sich jetzt wieder ängstlich

Was geht dir durch den Kopf
Ein Messer. Und ein Sonnenuntergang
Man will dein Hirn im Vibratom
In Scheiben schneiden, um dem
Klimawandel zu begegnen. Schon wieder
Biedermeier. Was denn sonst

Wir spritzen Fett
Unter unsere abgesunkene, vernarbte
Sprache. Im Mutter-Kind-Duett
Bleibt eine Stimme unbesetzt

Automatisches Morgendiktat mit meinem kritischen Hund

Mit einem Ohrenzucken schickt er die Sonne
Als erstes duschen
Wir bleiben liegen, trödeln
Ein Traum von gestern klopft übers Pfotenspiel
Den Tag genau auf die Belastbarkeiten ab
Ich mache das Notat
Ein Schluchzen jagt die Herde lang vertaner Chancen
Und unsre frisch geborenen Fohlen
Über den angefrorenen Boden
Das Gras wächst grölend, stinkend, sauer
Der Wind schwimmt
Mit den Sirenen
Um die Wette, durch die Luft, über die Mauer
Dringt der Geruch vom Rückzug unsres stadtbekannten Fuchses
All das verschwindet hinterm steckdosengroßen, nassen
Unvergleichlich schwarzen, makrosmatisch mysteriösen Nasen
Spiegel. Wir lecken die Lefzen und Lippen im Wechsel
Schmecken im Philtrum den Wert ab
Den es hat, als erstes in der Welt
Im Fell zu sein
Und feiern das bisschen
Anthropomorphismus
Mit kleinem Tanz und Schwanz
Wedeln an der Schwelle zum Bewusstsein

* Ich lese ihm das vor, er nimmt es mir nicht ab
Und bedeutet, er ginge sich, noch heute, einen
Neuen Menschen
Kaufen

** Ich reibe es ihm noch einmal anders
Unter die Nase, mit mehr Rhythmus
Und spiel die zweite Hand
Dabei auf seinem Bauch
Wo das Fell dünn wird und hoch
Unter die erhobene Pfote
Wir sind doch beide pleite
Jetzt gefällt's ihm auch

Thomas Thwaites

Goat Man. How I Took a Holiday from Being a Human
2015

Ich habe versucht, eine Ziege zu werden, um der Angst zu entkommen, die dem Menschsein inhärent ist. Das Projekt wurde zu einer Untersuchung darüber, wie nah uns moderne Technologien an die Erfüllung eines alten menschlichen Traums bringen können: die Eigenschaften eines anderen Tieres anzunehmen. Aber anstelle der Wildheit eines Bärs oder der Perspektive eines Vogels, ist die nützlichste Eigenschaft im modernen Leben etwas anderes; vielleicht ganz im Augenblick gegenwärtig zu sein. Jedenfalls endete ich hoch oben in den Alpen, auf vier Beinen, in einer Ziegenherde, mit einem prothetischen Vormagen um meine Brust geschnallt, Gras essend und zur Ziege werdend.

Thomas Thwaites

Fotos: Tim Bodwitch

Supported by
wellcome trust

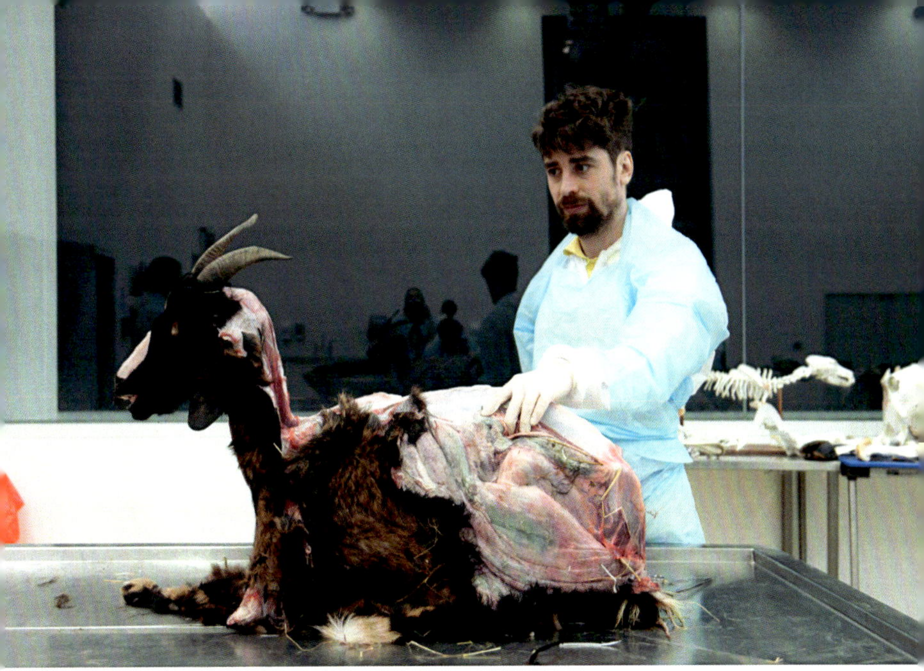

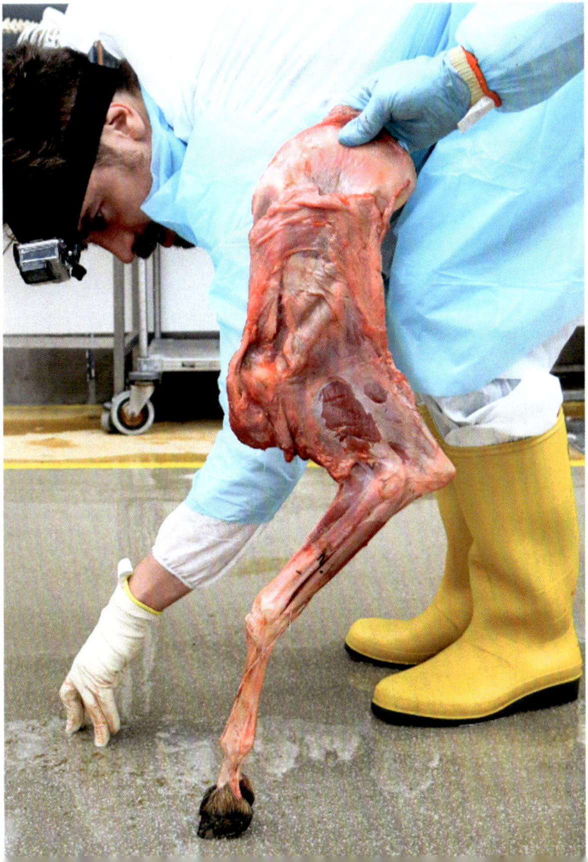

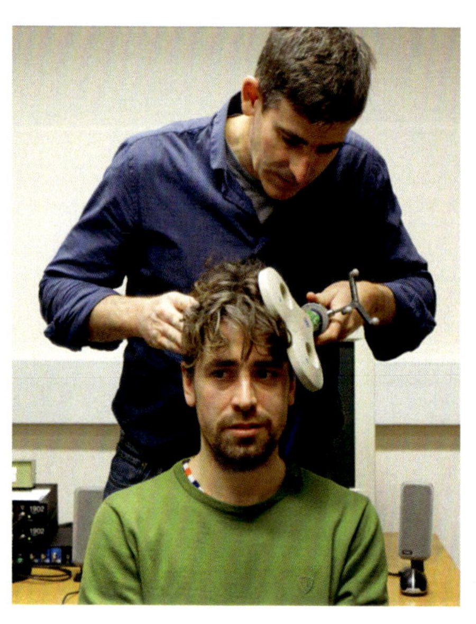

Maja Smrekar

K-9_topology: Hybrid Family
2016

Die globale Ökonomie droht die Menschen hinsichtlich des kleinsten gemeinsamen Nenners zu vereinheitlichen – der Fähigkeit zu konsumieren – und alle Unterschiede einzuebnen. Ich möchte diesen Existenzebenen widerstehen, indem ich meine eigene Ökonomie der Gefühle nutze. Aus diesem Grund verschreibe ich mich der Hund-Mensch-Beziehung als einer radikal-intimen Tätigkeit des ‚Heimkommens'. Das biopolitische Statement des Projekts ist ein Tier-Werden, ein Frau-Werden während eines Prozesses, durch den ich mein Selbst transzendieren werde, indem ich die Leihmutter eines Hundes werde. Hündin-Werden.

Ich werde eine Performance durchführen, während der ich einen Welpen nähren werde, indem ich mich eines zweieinhalb Monate langen physiologischen Trainings (äußere physische Behandlungen, Diät und psychologische Vorbereitungen) unterziehe, das spezifische Informationen von der Amygdala an meine Hirnanhangdrüsen senden wird, um das Hormon Prolaktin freizusetzen, welches die Milchproduktion in meinen Brüsten stimulieren wird. So vollziehe ich dieselbe Strategie wie zukünftige Mütter, die vor der Adoption eines Babys stehen, das noch gestillt wird.

Als Künstlerin habe ich das Bedürfnis, meinen eigenen Körper (und den Körper meiner Hunde) zu nutzen, um eine Machtposition zurückzuerobern. Um meinen Körper zurückzuerobern. Unsere Körper.

Maja Smrekar

Fotos: Manuel Vason

http://majasmrekar.org/

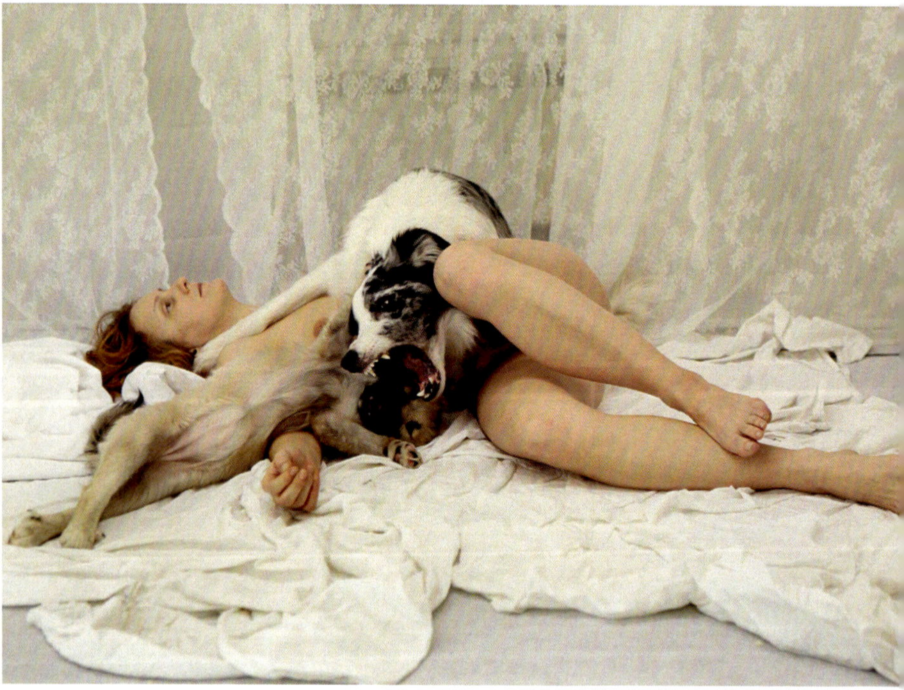

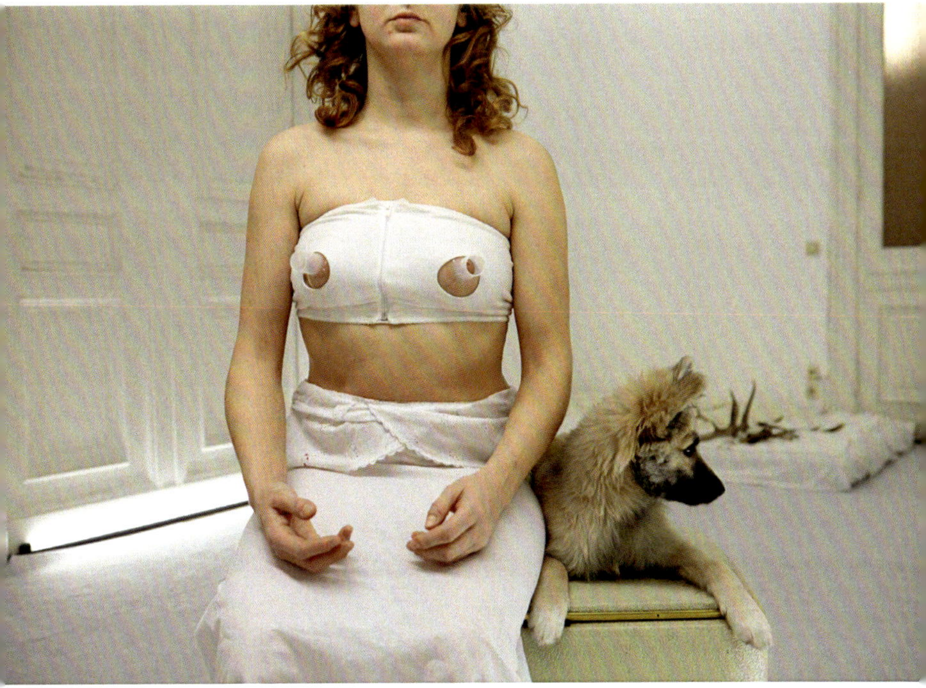

Michael Burton / Michiko Nitta

Shadow Biosphere
2011

Menschengemachte Biodiversität, um die verlorenen Spezies
der Erde zurückzugewinnen.
Neue Spezies, um den Planeten zu reinigen.
Klimawandel, eine menschliche Bevölkerung von 9 Milliarden,
die Auswirkungen von Abholzung und steigenden Meeresspiegeln
werden dazu führen, dass Spezies aussterben. Wissenschaftler sagen,
dass jede Stunde drei Arten aufgrund von menschengemachten
Umweltbelastungen aussterben.
Biodiversität ist nicht einfach eine ‚grüne' Frage. Sie ist als
Lebenserhaltungssystem unverzichtbar und wir können ohne eine
reiche Artenvielfalt nicht überleben.
Wenn wir nicht jetzt handeln, werden wir Organismen verlieren,
die Lösungskonzepte für unvorhersehbare Katastrophen und
Krankheiten bereithalten könnten.
Werden die Menschen noch rechtzeitig handeln,
um die Biodiversität zu bewahren?
Falls nicht, wie könnten wir dann neue Spezies der Flora und Fauna
erschaffen, um das Lebenserhaltungssystem der Erde zu regenerieren?

Michael Burton / Michiko Nitta

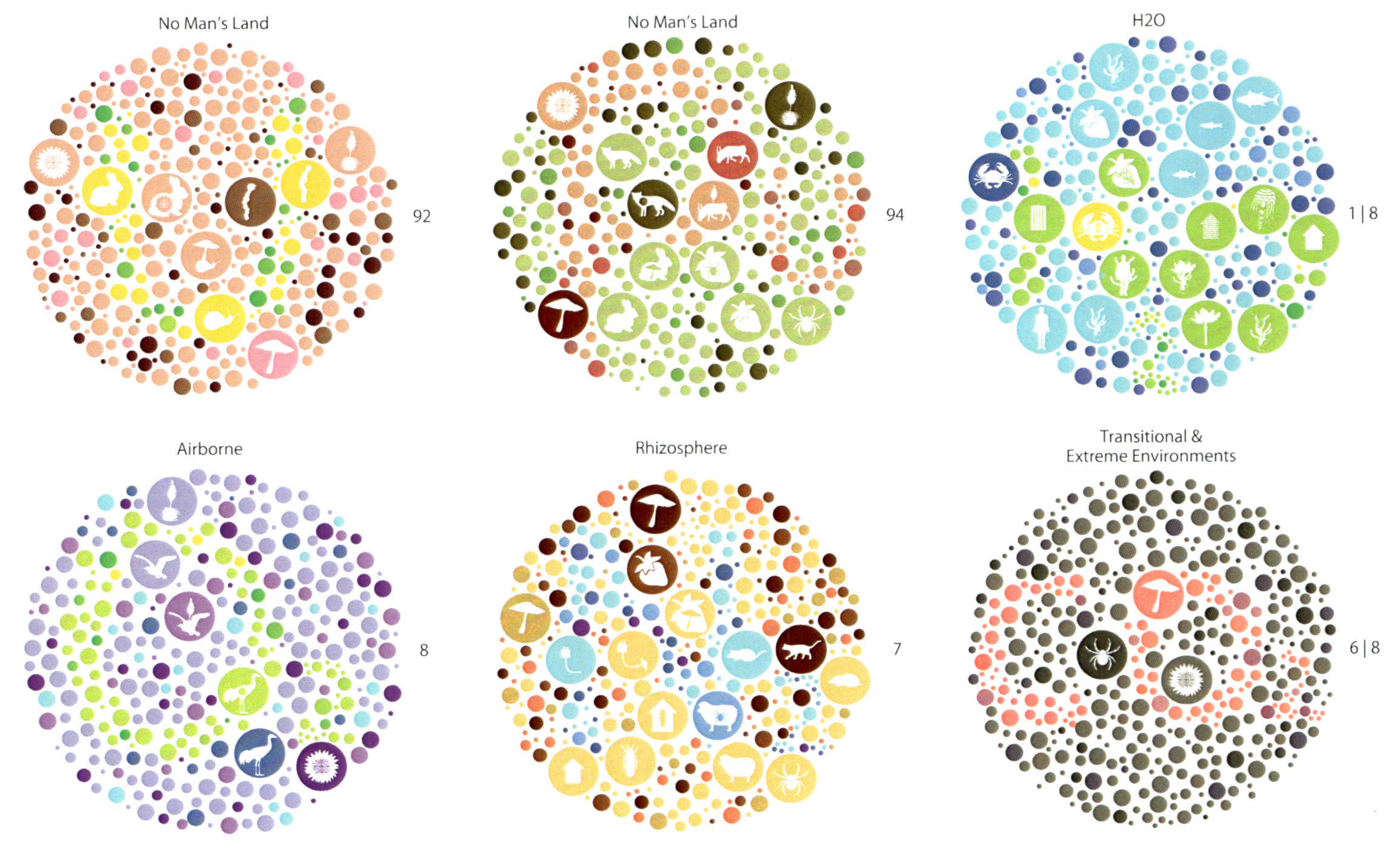
No Man's Land
92
No Man's Land
94
H2O
1 | 8
Airborne
8
Rhizosphere
7
Transitional &
Extreme Environments
6 | 8

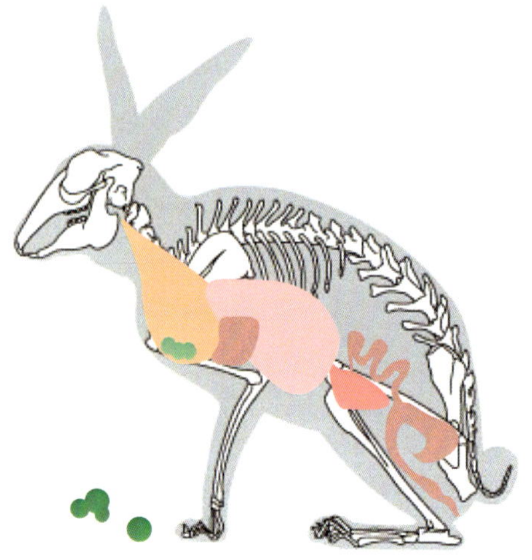

NAME: Oryctolagus desulfocibrio
ORIGIN: Rabbit & bacteria
TAXONOMY: Earth
CHARACTERISTICS:
Transgenic rabbit with genes from Desulfovibria vulgaris, a bacterium that breaks down pollutants and cleans up environmental toxins.
The gene from the bacterium lives in a new stomach in the rabbit, the rumen, this enables the rabbit to process the pollutants in contamination absorbing plants, which it feeds on. It regurgitates the plants from the rumen in small balls. It's dung also provides a fertiliser for re-introduced plants to grow.

NAME: Sus dehalococcoides
ORIGIN: Pig & bacteria
TAXONOMY: Earth Surface
CHARACTERISTICS:
Transgenic pig with genes from the bacterium Dehalococcoides vulgaris. The gene enables the pig to break down pollutants and clean up environmental toxins whilst removing debris from no-mans land areas whilst it digs into the ground.
The pig has tusks that also house the bacterium called Nostoc, which increase the nitrogen content of soil and provide a source of natural fertiliser.

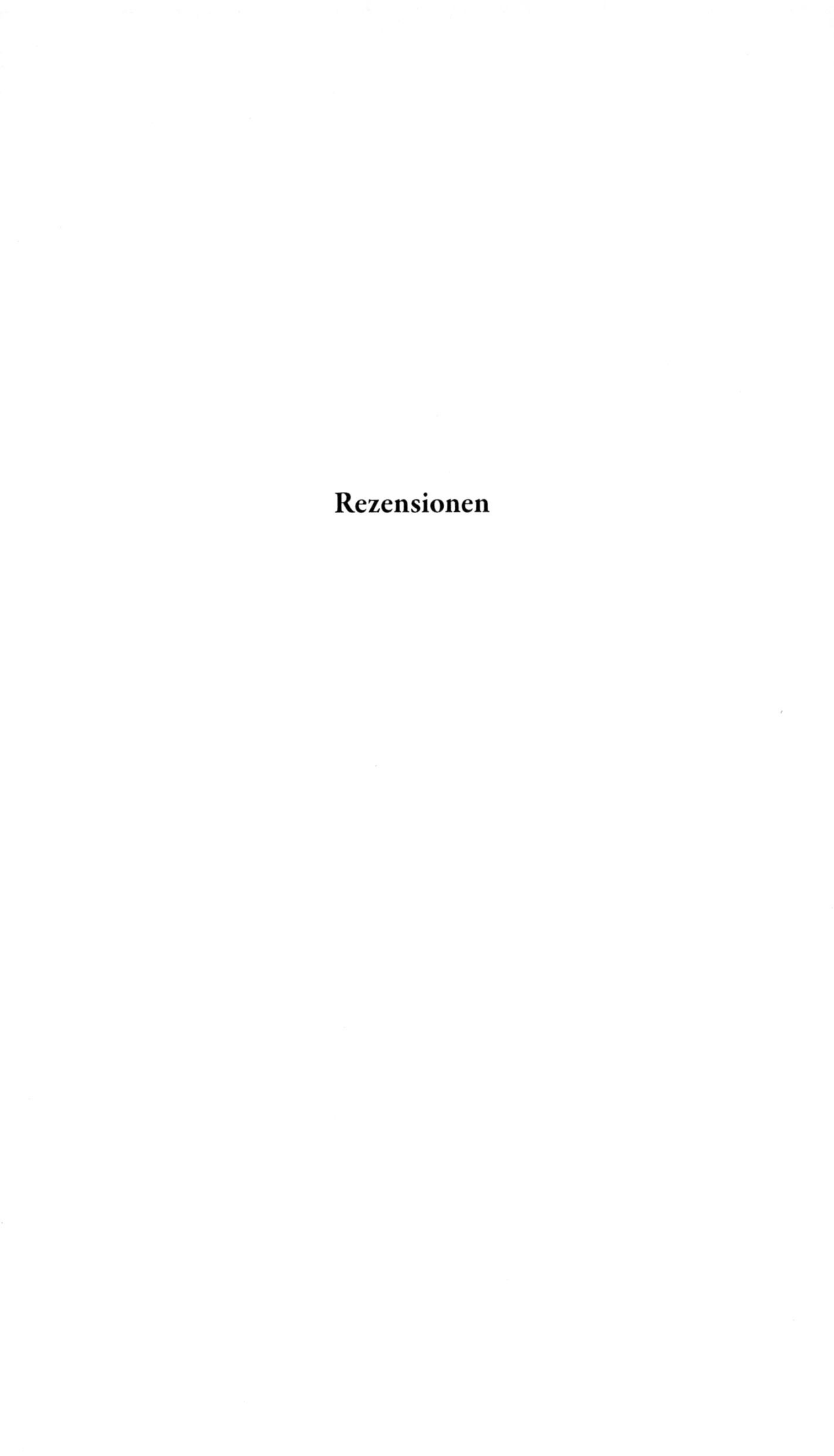

Rezensionen

Vom Fleisch zur Freiheit

Arianna Ferrari / Klaus Petrus (Hrsg.): *Lexikon der Tier-Mensch-Beziehungen.* Rezensiert von Julia Eva Wannenmacher

Seit 1987[1] ist dieses Lexikon das erste wissenschaftliche Nachschlagewerk, das Tiere unter mehr als naturwissenschaftlichen Aspekten betrachtet, ein Meilenstein der Human-Animal Studies. Von Abolitionismus bis Zucht besucht es alle Kontaktzonen, ob Weltreligionen, Fachdisziplinen oder Ackerbau und Viehzucht, in denen Menschen sich mit Tieren beschäftigen, sie ausnutzen oder über sie philosophieren. Die Geschichte der Tier-Bewegung wird ebenso kenntnisreich dargestellt wie der philosophische Diskurs über Tiere besonders seit der frühen Neuzeit.

Es erstaunt, dass bei den Lemmaeinträgen die Adjektive vorangestellt sind; zu E gibt es den Artikel *Exotisches Heimtier*, zu H den Artikel *Heimtier*, etc.; ein gutgegliederter Artikel *Ethik* wäre vielleicht sinnvoller als die einzelnen Artikel *Ethik-Tool*, *Mitleid* mit einem Absatz *Mitleidsethik*, *Tierethik*, *Tugendethik* und *Umweltethik*. Mitunter hätten sich Redundanzen vermeiden lassen; so gibt es außer dem Artikel *Schlachtung* einen Artikel *Tötung*, der einiges wiederholt. Den Artikeln *Fisch / Fischfang*, *Fleisch*, *Milch*, *Ei*, *Honig*, *Pelz* könnte *Leder* hinzugefügt werden, um die globalen Aspekte der Ausbeutung von Mensch, Tier und Umwelt zu zeigen.

Manche Artikel entbehren nicht apologetischer Töne, etwa wenn Imamin Halima Krausen zu *Islam* (auf Standardkoranübersetzungen und -literatur verzichtend) die Tierfreundlichkeit islamischer Normen betont und erklärt, dass sie „nicht hinfällig" seien, weil „Verbote nicht immer eingehalten wurden" (S. 180), oder wenn Hanna Rheinz zu *Judentum* feststellt, dieses „leistet einen wesentlichen Beitrag zum Tierschutz und ist in seinem Blick auf die Dyade Mensch–Tier in vielen Bereichen radikaler als viele säkulare Tierschutzverbände" (S. 189). Sie bezieht sich dabei auch auf die Genesis, mit der der Grundtext der jüdischen wie der christlichen Religion beginnt. Der Sozialethiker Kurt Remele hingegen erklärt zu *Christentum* die Genesis geradezu als Ursprung der „Tiervergessenheit der Kirche" (S. 64) und die Position des Christentums zu Tieren als „bestenfalls ambivalent" (S. 63) – meinen Rheinz und Remele wirklich dasselbe Buch, das Grundlage von zwei so verschiedenen Religionen sein soll, einer radikal tierfreundlichen und einer so tiervergessenen? Die Ambivalenzen, die das Tierbild der Weltreligionen aufweist, scheinen aus dem Blickfeld geraten.

1 Gotthard Maria Teutsch: *Lexikon der Tierschutzethik*. Göttingen: Vandenhoeck & Ruprecht 1987.

Einige Autoren verlassen den Boden wissenschaftlicher Argumentation, wie wenn Martin Balluch mit dem Bild eines Kindes, das Heidelbeeren isst und mit Kaninchen spielt statt umgekehrt, belegen will, dass Menschen von Natur aus keinen Jagdtrieb haben. Hat er noch nie Kleinkinder gesehen, die auf der Straße Tauben jagen? Oder wenn Colin Goldner den Artikel *Zoo* mit einem gefühlvollen Plädoyer beendet. Läuft das Lexikon, das in viele Hände zu wünschen ist, so nicht Gefahr, sich auf ‚preaching to the converted' zu beschränken?
Die HerausgeberInnen bedauern, dass sie einen Anfang 2015 erschienenen interdisziplinären HAS-Sammelband nicht berücksichtigen konnten; derselbe Herausgeberkreis legte bald einen zweiten Band vor,[2] in dem etwa ein grundlegender Aufsatz über Grenzen und Zukunft der HAS für den hiesigen Artikel *Human-Animal Studies* bereichernd wäre: Gedruckte Lexika für ein so lebendiges Forschungsfeld wie Human Animal Studies beginnen am Tag des Erscheinens zu veralten. Den vielen guten Artikeln des Lexikons möge dieses Schicksal erspart bleiben.

Arianna Ferrari / Klaus Petrus (Hrsg.): *Lexikon der Tier-Mensch-Beziehungen.* Transcript. Bielefeld, Oktober 2015, 482 S.
Paperback 29,99€ (ISBN 978-3-8376-2232-4).

2 Eberhart Theuer: Tierrecht(e), Aktivismus, Animal Law, Legal Animal Studies and HAS. In: Reingard Spannring / Reinhard Heuberger / Gabriela Kompatscher / Andreas Oberprantacher / Karin Schachinger / Alejandro Boucabeille (Hrsg.): *Texte – Tiere – Tranformationen. Kritische Perspektiven der Human-Animal-Studies.* Bielefeld: Transcript 2015, S. 353–382.

Vom Übersehen zum Sehen: Kulturwissenschaftliche Lektüren humanimaler *entanglements*

Roland Borgards (Hrsg.): *Tiere. Kulturwissenschaftliches Handbuch.*
Rezensiert von Alexandra Böhm

Derridas 2006 posthum erschienener Text *L'animal que donc je suis* beschreibt, wie aus dem tatsächlichen Sehen der Katze des Philosophen eine philosophische Operation entsteht, die das anthropozentrische abendländische Denken infrage stellt. In ähnlicher Weise formuliert Roland Borgards das Ziel des von ihm herausgegebenen, in der Handbuch-Reihe von Metzler erschienenen Überblicks über Tiere im kulturwissenschaftlichen Feld: Das Buch unternimmt es, die Aufmerksamkeit auf die in der abendländischen Geschichte lange Zeit übersehene und verdrängte Präsenz der Tiere zu richten und auf der Basis der damit einhergehenden theoretisch-methodischen Herausforderung die Erkenntnisposition des Humanen zu hinterfragen. Sieben Hauptkapitel geben einen Überblick über das im deutschsprachigen Raum relativ junge Forschungsfeld der Cultural Animal Studies. Nach einer Erläuterung der Voraussetzungen des Animal Turn sowie zentraler Grundannahmen (Kap. I) werden methodische Reflexionen auf die Zugangsweisen zu Tieren dargestellt wie Geschichte, Medien oder Umwelt (Kap. II). Danach folgen weitere Großkapitel zu Tieren in der Philosophie (Kap. III), zur Geschichte von Tieren in Institutionen und Praktiken (Kap. IV) und zu Tieren in den Künsten (Kap. V). Den Abschluss bildet ein Kapitel zu weiterführenden Arbeitsbereichen, die abseits des zeitlichen, räumlichen und disziplinären Fokus des Handbuchs stehen, wie Tiere in der Mythologie, Theologie, Ethnologie und Psychologie. Ein Anhang mit Auswahlbibliographie und Register schließt den Band ab.

Das kulturwissenschaftliche Handbuch *Tiere* steht in einer Reihe kürzlich erschienener Überblicksdarstellungen und Einführungen in das Forschungsfeld der Human Animal Studies wie *Disziplinierte Tiere?* (hrsg. v. Reingard Spannring u. a. 2015), *Lexikon der Mensch-Tier-Beziehungen* (hrsg. v. Arianna Ferrari und Klaus Petrus 2015) oder *Den Fährten folgen* (hrsg. v. Forschungsschwerpunkt „Tier – Mensch – Gesellschaft“ 2016), die ein Indiz für erste Bemühungen um die Konsolidierung eines stark anwachsenden Forschungsbereichs sind. Borgards Sammelwerk ist es in besonderer Weise gelungen, eine systematische Übersicht über das mittlerweile methodisch und disziplinär weit gespannte Feld der kulturwissenschaftlichen Tierforschung zu geben. Die ordnenden, das Feld reflektierenden und zugleich vertiefenden Zugangsweisen zu den Tieren in den einzelnen Beiträgen machen den Band nicht nur zu einem ausgezeichneten Hilfsmittel für den Unterricht in den Cultural Animal Studies, sondern auch zu einem unentbehrlichen Arbeitsmittel für Tier-ForscherInnen. Denn die unterschiedlichen Kapitel, die alle einen starken kulturgeschichtlichen Fokus haben und von ausgewiesenen ExpertInnen des Felds verfasst wurden, machen durch die Fülle des dargebotenen Materials sichtbar, dass Tiere aus kulturellen, wissenschaftlichen, künstlerischen und philosophischen Praktiken der Neuzeit nicht wegzudenken sind.

Es überrascht allerdings, dass – obwohl der Herausgeber selbst die Bedeutung von Tieren als eigenständigen Akteuren in historischen und kulturellen Prozessen hervorhebt – kein eigener Artikel dem Umgang der Kulturwissenschaften mit der Frage nach dem Handeln von Tieren eingeräumt wurde. In diesem Kontext wären auch weitere Ergänzungen wünschenswert, die disziplinenübergreifend methodisch-theoretische Aspekte aufgreifen. Neben einem Artikel zu ‚Agency‘ kämen dann auch Konzepte wie Empathie / Emotionen, Anthropomorphismus oder Interspezieskommunikation und deren Bedeutung für die Tierforschung der einzelnen kulturwissenschaftlichen Disziplinen in den Blick. Das sind allerdings nur weiterführende Ideen für eine mögliche zweite Auflage eines durchweg lesenswerten und inspirierenden Handbuchs.

Roland Borgards (Hrsg.): *Tiere. Kulturwissenschaftliches Handbuch.*
Metzler. Stuttgart, Juni 2016, 327 S.
Hardcover 89,99 € (ISBN 978-3-476-02524-1).

Elitenforschung in der Archäozoologie

Benjamin S. Arbuckle / Sue Ann McCarty (Hrsg.): *Animals and Inequality in the Ancient World.*
Rezensiert von Daniel Lau

Der Sammelband umfasst 17 Beiträge, die sich aus überwiegend archäozoologischer Perspektive der Frage annehmen, inwiefern Tiere soziale Ungleichheit in der Humangesellschaft erschaffen, manipulieren oder dekonstruieren können. Tiere fungieren als wirkungsmächtige Symbole in menschlichen Netzwerken und materialisieren und naturalisieren soziale Ungleichheit (S. 2). Mit acht Beiträgen liegt der räumliche Schwerpunkt auf Fallstudien aus der Neuen Welt, weitere Beiträge beziehen sich auf den europäischen und westasiatischen Raum, auf China, Zentralasien und Afrika. Die Beiträge decken einen Zeitraum von der europäischen Mittelsteinzeit bis zum 17. / 18. Jahrhundert in Afrika ab.
Als Quellenmaterial dienen überwiegend Knochenfunde und andere Faunenreste, die hinsichtlich ihrer Bedeutung im sozialen Kontext interpretiert werden. Allein anhand des archäozoologischen Materials ist es jedoch nicht möglich, soziale Ungleichheit zuverlässig zu re-konstruieren. Es ist notwendig, andere Indizien hinzuzuziehen, wie beispielsweise ikonographische oder schriftliche Zeugnisse. Diese Kritik wird auch im Beitrag von Charlotte Sunseri vorgebracht (S. 169), ich hätte eine allgemeine Formulierung jedoch bereits in der Einleitung erwartet. Levent Atici benutzt hingegen das reichhaltige Textmaterial, dass die altassyrischen Kaufleute in der Mittelbronzezeit hinterlassen haben, gesteht jedoch ein, dass dieses Material alleine einen nur sehr begrenzten und einseitigen Einblick gewährt und dass für weitergehende Forschungen Faunenreste herangezogen werden müssen.
Drei Beiträge gehen auf die Produktion von Wolle für die Textilherstellung ein und zeigen, dass die Kontrolle der Elite über große Schafsherden einen

wichtigen Faktor in der Entwicklung komplexer gesellschaftlicher Systeme darstellte. Einen Kontrapunkt zu den anderen Beiträgen, die stark auf die Konstruktion gesellschaftlicher Hierarchien eingehen, stellt der Artikel von Joshua Wright dar, der zeigt, dass die lange Zeit als Statussymbole gedeuteten Pferdebestattungen bzw. -opferungen im bronzezeitlichen Zentralasien eine gesellschaftlich nivellierende Funktion hatten.

Zwei deutliche Kritikpunkte sind gegenüber dem ansonsten vorbildlichen Sammelband vorzubringen. Zum einen wird erneut eine ‚Archäologie von oben' gezeigt, die sich nicht fragt, wie das Leben der unteren sozialen Schichten aussah, sondern wie das Leben der Elite gestaltet war. Und zum anderen werden die Faunenreste dazu instrumentalisiert, einseitig die Humangesellschaft zu rekonstruieren, anstatt den wechselseitigen Einfluss, der das Verhältnis von Menschen zu Nichtmenschen ausmacht, zu erforschen. Diese Punkte zeigen, dass sich die Archäozoologie zwar vom bloßen Datensammeln zu einer ‚sozialen' Zooarchäologie weiterentwickelt hat, eine gesellschaftliche Fragestellung (hier: soziale Ungleichheit) jedoch noch nicht bedeutet, dass der Ansatz dadurch kritisch reflektiert würde oder zur Rekonstruktion der Mensch-Tier-Verhältnisse beitragen könnte. Dabei wurde bereits 2013 in der archäozoologischen Forschung ein Manifest veröffentlicht, das sich für eine stärkere Auseinandersetzung mit der wechselseitigen Beziehung stark macht.[1]

Insgesamt zeichnet sich der Sammelband durch eine sehr gute Qualität der Beiträge und der gewählten Abbildungen aus. Die Texte sind gut lesbar und die Problematik ist auch für Fachfremde nachvollziehbar und verständlich. Unter Berücksichtigung der genannten Kritikpunkte ist das Buch für archäozoologisch Interessierte und Forschende sowie allgemeiner auch für die (historischen) Animal Studies von Interesse.

Benjamin S. Arbuckle / Sue Ann McCarty (Hrsg.): *Animals and Inequality in the Ancient World.*
University Press of Colorado. Boulder, Januar 2015, 400 S.,
27 s/w-Fotografien, 47-s/w Abbildungen, 12 Karten, 17 Tabellen.
Hardcover 70,00 $ (ISBN 978-1-60732-285-6).
Ebook 56,00 $ (ISBN 978-1-60732-286-3).

1 Nick J. Overton / Yannis Hamilakis: A Manifesto for a Social Zooarchaeology. Swans and Other Beings in the Mesolithic. In: *Archaeological Dialogues* 20,2 (2013), S. 111–136.

Die deutsche Vorgeschichte der Human-Animal Studies

Cornelia Ortlieb / Patrick Ramponi / Jenny Willner (Hrsg.):
Das Tier als Medium und Obsession. Zur Politik des Wissens von Mensch und Tier um 1900.
Rezensiert von Markus Kurth

Die aktuellen Befunde der Human-Animal Studies und generell das neuerliche disziplinenübergreifende Interesse an Tieren sind aus historischer Sicht keineswegs präzedenzlos. Bereits um 1900 ließ sich im deutschsprachigen Raum, beflügelt von den Forschungen Charles Darwins, ein verstärktes Interesse am Mensch-Tier-Verhältnis entdecken. Ähnlich dem derzeitigen Stand der Neurobiologie avancierte die Biologie zur Leitwissenschaft und regte mit ihren Erkenntnissen politische, esoterische und poetische Diskurse an. Diese Vorgeschichte der Human-Animal Studies möchte der vorliegende Sammelband literaturwissenschaftlich ergründen. Wenn gegenwärtig Tieren Agency zugesprochen wird und sie als politische Subjekte und neue Emanzipationsfiguren gelesen werden, kann der Blick zurück mögliche politische Fallstricke erhellen. Der Aufschwung der Evolutionsbiologie trieb die Destabilisierung des souverän gedachten menschlichen Subjekts voran. Zugleich oszillierte der Gedanke einer vitalistischen Verbundenheit von Mensch und Tier um 1900 aber als antitechnologische Zivilisationskritik zwischen dem Ende der Abgrenzung ‚nach unten' und der Fantasie eines Fortschritts durch ‚Neuschöpfung' – ein Euphemismus für Eugenik und Rassismus.

Um die vielfältigen Diskurse miteinander ins Gespräch zu bringen, werden im Band die verbindenden Begriffe Medium und Obsession gewählt. Bevorzugt nehmen die Inszenierungen des Humanen um 1900 den Umweg des Animalischen, nur scheinbar stehen Tiere oder das Mensch-Tier-Verhältnis im Zentrum. Wissenschaftlich wie literarisch ist die Position des Tieres vielmehr die eines Mediums, etwa als Mittlerin zwischen verschiedenen Diskursebenen oder zwischen Vorstellungen des Unsagbaren und der Darstellung. Auch die literarische Beschäftigung mit der aufkommenden Haustierliebe als bürgerliche Obsession reicht weit über diese Mensch-Haustier-Beziehung hinaus und berührt die bürgerliche Gefühlskultivierung, die Psychoanalyse und Machtverhältnisse.

Eine der Linien, die sich durch mehrere Beiträge zieht, ist die konstitutive Widersprüchlichkeit der politischen Diskurse, welche in vielen wissenschaftlichen wie literarischen Tierdarstellungen miteinander verwoben werden. So geht Cornelia Ortlieb etwa den Ambivalenzen in der Tierliebe um 1900 nach und findet in den Selbstzeugnissen kolonialistischer Großwildjäger neben Brutalität und Rassismus auch sentimental-übergriffige Schilderungen von Tieren als Subjekten von Liebesbeziehungen. Wie Jenny Willner darstellt, mischen sich in der biologischen Forschung von Ernst Haeckel und insbesondere Wilhelm Bölsche Elemente einer subversiven Affirmation des Körperlich-Lustvollen in der Beschreibung tierlicher Sexualität, die als Aufklärungsliteratur das Soldatisch-Männliche der wilhelminischen Zeit untergraben, mit einer unheimlichen Betonung teleologischer Aufwärtsbewegungen. Gegen Darwin wird die Bejahung des Tierlichen im Menschen als Ansporn zur Vervollkommnung und Fortentwicklung gelesen: Die evolutionäre Verbundenheit mit Tieren wird im Sinne einer eugenischen Lenkung gedeutet, Lebensbejahung als Vorbote des Todbringenden. Parallel dazu arbeitet Werner Michler die Widersprüche eines Konrad Lorenz und weiterer experimentalbiologischer Anschlüsse an Darwin heraus. Bei Lorenz ist nicht der Optimismus bedrohlich, es ist die Furcht vor der Domestikation, der Degeneration einer Erbbiologie durch ‚unheilvolle Mischwesen'. Und doch finden sich Michler zufolge auch hier – dem Eigensinn der Lorenz'schen Tiere geschuldet – Anschlussstellen für minoritäre Projekte.

Schlussendlich bleibt es den Lesenden überlassen, welche der vielfältig miteinander verknoteten Stränge der Wissenschaftsgeschichte sie in den aktuellen Debatten erkennen wollen, zahlreiche Ansatzpunkte für eine gewinnbringende Diskussion um das ambivalente Erbe der Diskurse um 1900 liefert der Band in jedem Fall.

Cornelia Ortlieb / Patrick Ramponi / Jenny Willner (Hrsg.):
Das Tier als Medium und Obsession. Zur Politik des Wissens von Mensch und Tier um 1900.
Neofelis. Berlin, Juli 2015, 318 S.
Paperback 24,00 € (ISBN 978-3-943414-16-5).
E-Book 24,00 € (ISBN 978-3-943414-33-2).

Perspektiven des Animal Turn

Reingard Spannring / Reinhard Heuberger / Gabriela Kompatscher / Andreas Oberprantacher / Karin Schachinger / Alejandro Boucabeille (Hrsg.):
Texte–Tiere–Transformationen. Kritische Perspektiven der Human-Animal Studies.
Rezensiert von Susanne Karr

Posthumanistische Perspektiven durchdringen die Grenzen zwischen den akademischen Disziplinen. Auf den Punkt gebracht, handelt es sich beim Mensch-Sein um nur eine von unzähligen Möglichkeiten des In-der-Welt-Seins. Der äußerst anregende Sammelband stellt kritische Ansätze in den Relationen mit nicht-menschlichen Tieren vor und fordert neue Zugänge, „welche die Stimmen der Tiere hörbar und ihre Bedürfnisse in einem komplexeren Verständnis der mehr-als-menschlichen Welt integrierbar machen." (S. 19) Aus den Perspektiven von Linguistik, Philosophie, Kunstgeschichte, Musikwissenschaft, Ökonomie, Zoologie und Rechtswissenschaft werden aufschlussreiche Untersuchungen präsentiert, von denen hier nur ein paar näher skizziert werden können.

Der ‚Animal Turn' postuliert, dass auch andere Wesen als der Mensch ein reichhaltiges Leben mit einem aktiven Geist haben. Mit der Anerkennung der Subjektivität nicht-menschlicher Akteure wird Kommunikation und Beziehung möglich und notwendig. „Tierliche Subjektivität und die Möglichkeiten zu Intersubjektivität zwischen Arten machen tierliches Leben zu einer öffentlichen Angelegenheit, denn sie verweisen auf unsere moralische Pflicht, ausbeuterische Praktiken in Frage zu stellen und abzuschaffen" (S. 18), heißt es in der Einleitung. Hier erhält die Frage nach dem Umgang miteinander eine politische Dimension.

Historische Zusammenhänge veranschaulichen die Kontinuität anthropozentrischer Verhaltensweisen, wie etwa der Handel mit Wildtieren. Die Verfügbarmachung des Exotischen als Machtattribut wirkt ungebrochen fort – sie hat ihre belegbaren Anfänge bereits in der Antike. So soll Kaiser Neros Zoo 537 Tiere umfasst haben. Aber auch im Mittelalter und noch in der vermeintlich aufgeklärten Neuzeit zählen rare und exotische Tiere, als Zeichen der Überlegenheit einer sogenannten Zivilisation über die rohe Natur, zu den beliebtesten Geschenken der Herrschenden untereinander. Nach dem Zweiten Weltkrieg lässt sich ein Höhepunkt des Tierhandels verzeichnen, und trotz des Washingtoner Artenschutzabkommens floriert der Handel mit illegalen Wildtieren – er erzielt einen jährlichen Umsatz von 20 Milliarden Dollar. „All dieses Tun scheint durch die tief verankerte moralische Überzeugung des Menschen, dass das Tier dem Menschen untertan sei, rechtfertigbar" (S. 65), schreibt Andrea Penz.

Eine ganz andere Perspektive beleuchtet das „Interspecies-Mothering". Jessica Ullrich untersucht künstlerische Darstellungen der Thematik und entdeckt darin subversives Potenzial. Die Nachstellung einer Pietà etwa, in der die Figur des toten Jesus durch einen Wolf ersetzt wird, wirft zahlreiche Fragen auf. Ullrich spricht von einer blasphemischen Komponente, „die sich gegen den Anspruch der Gottesähnlichkeit allein vom Menschen auflehnt." (S. 128) Noch provokanter wirken Bilder, in denen Frauen Tierkinder stillen – wiewohl das Konsumieren von Kuhmilch durch Menschen als völlig gesellschaftsfähig gilt.

Als absolute Grenze zwischen tierlichem und menschlichem Wesen fungiert häufig die Sprache, und mit ihr wird der Ausschluss von Tieren aus ethischen

Kontexten argumentiert. Dabei sollte aber nicht übersehen werden, wie stark Sprache selbst durch körperliche Wahrnehmungen geprägt ist. Rodolfo Piskorski führt aus, dass die menschliche Erfahrung von Materialität essentiell mit Körperlichkeit zusammenhängt und diese Körperlichkeit ein immer noch Tier-Sein des Menschen bedeutet. Aus dieser Position verlangt er, die menschliche Animalität als Voraussetzung für Sprache zu begreifen, genauer gesagt, als das, was in die Sprache integriert werden muss, damit diese funktionieren kann. Ohne diese körperliche Komponente, die uns mit allen (nicht-)menschlichen Lebewesen verbindet, gerät Sprache zu einem theoretischen hohlen Gefäß, das seine repräsentativen Potenziale verliert.

Reingard Spannring / Reinhard Heuberger / Gabriela Kompatscher/
Andreas Oberprantacher / Karin Schachinger / Alejandro Boucabeille
(Hrsg.): *Texte–Tiere–Transformationen. Kritische Perspektiven der Animal Studies.*
Transcript. Bielefeld, November 2015, 390 S.
Paperback 29,99 € (ISBN 978-3-8376-2873-9).

Abbildungsverzeichnis

Andrea Haarer: Victor Hugos *Kraken* (1866–1869)
Victor Hugo: *Pieuvre* (Krake), 1866–1869. Paris, Bibliothèque nationale de France. NAF 24807, fol. 3. Foto: © Bibliothèque nationale de France.

Nike Dreyer: Warum Experimente ästhetisieren?
Abb. 1: Carsten Höller: *Soma*, 2010/11. © VG Bild-Kunst, Bonn 2016.
Abb. 2: Kathy High: *Embracing Animal*, 2004–2006. © Adrian Garcia, 2006.
Abb. 3: Ratte und Künstlerin. © Olivia Robinson, 2006.

Thomas Thwaites: *Goat Man. How I Took a Holiday from Being a Human*, 2015
Fotos: Tim Bodwitch, 2015.

Maja Smrekar: *K - 9 _ t o p o l o g y : Hybrid Family*, 2016
© Maja Smrekar and Manuel Vason collaboration / Berlin, 2016.

Michael Burton / Michiko Nitta: *Shadow Biosphere*, 2011
© Michael Burton / Michiko Nitta, 2011.

Call for Papers: Tiere und Krieg

Tierstudien 12, Herbst 2017
Herausgegeben von Jessica Ullrich und Mieke Roscher

Menschliche Kriege können nicht ohne Tiere gedacht werden. Noch bis ins 21. Jahrhundert hinein haben sich Kriegsführung, Kampfeinsätze und Rettungsmissionen auf animalische Unterstützung verlassen, auf ihre Kraft, ihren Spürsinn, ihre schnelle Fortbewegung. Dabei zeigten sich einige Kriege ganz besonders abhängig von den Fähigkeiten der Tiere und haben sich auch als solche in die kollektive Erinnerung eingeschrieben; man denke nur an die Überquerung der Alpen durch Hannibals Kriegselefanten. Und der Erste Weltkrieg kann rückblickend durchaus als Pferdekrieg charakterisiert werden; in den Gräben von Verdun oder an der Somme kämpften zwar Soldaten, an ihrer Seite lebten und starben jedoch auch Millionen Pferde. Und auch in Zukunft werden Tiere in der militärischen Forschung eine Rolle spielen, beispielsweise wenn Waffen im Tierversuch getestet oder Rüstungen nach tierlichen Vorbildern entwickelt werden.
In dieser Ausgabe von *Tierstudien* wollen wir der Verbindung von Tieren und Kriegen nachgehen. Aus historischer Perspektive interessiert uns, wie der Beitrag von Tieren in Kriegen ausgesehen hat, mehr noch aber, wie über diese Teilnahme gesprochen wurde. Mögliche Fragen könnten sein, inwieweit Tiere die für Kriege so wichtigen Narrative von Heldentum und Kameradschaft bedienen oder welche Opfer- und Schicksalsdiskurse hier, aber auch z. B. in Feldpostbriefen, literarischen Texten oder visuellen Bildwerken artikuliert werden. Auch könnte Thema werden, welche Rolle Tierspezies in der diskursiven Logik von Kriegen spielen. So werden menschliche Feinde gedanklich und sprachlich oft animalisiert und z. B. als Ratten oder Kakerlaken bezeichnet, um sie als ‚Andere' zu markieren und ohne moralische Hemmnisse töten zu können. Auf der anderen Seite werden Kriegshelden und Heerführer ikonographisch oder terminologisch gerne durch Tiernamen nobilitiert, dann durch positiv konnotierte wie Adler oder Löwen. Außerdem: Wie lässt sich die Beliebtheit von Tiernamen für Waffen, Panzer, Kampfflugzeuge oder militärische Operationen erklären?

Andererseits ist auch die Vernichtung einzelner ungewollter Tierarten als ein Krieg der Menschheit gegen andere Tiere konnotiert worden – beispielsweise bei „Ausrottungskriegen“ gegen invasive Arten. Was passiert also, wenn Tiere zu Feinden werden? Auch wird die strukturelle Gewalt, denen Tiere in modernen Gesellschaften ausgesetzt werden, als „war against animals“ bezeichnet (etwa von Dinesh Wadiwel oder Steve Best). Was also unterscheidet diese narrativen Einordnungen?
Oft wird behauptet, der Mensch sei die einzige Spezies, die Krieg führe. Doch auch Auseinandersetzungen zwischen artgleichen Tieren (insbesondere Schimpansen) werden als Kriege dargestellt. Welche Rolle spielen also Tiere selbst bei der Beschreibung von Kriegen? Beinhaltet die Rede von „Fressfeinden“ im Tierreich eine kriegerische Rhetorik?
Uns interessiert weiterhin, wie Tiere im kulturellen Gedächtnis der Kriege verhandelt werden und wurden und sich eine Erinnerungskultur etabliert bzw. welchen Stellenwert Erinnerungsdenkmäler einnehmen.
Auch in anderen kulturellen Repräsentationen sind Tiere in kriegerischen Kontexten präsent. So spielen Tiere im Comic, Computerspiel, Fantasyfilm oder in der Science Fiction-Literatur regelmäßig eine wichtige Rolle als Begleiter in kriegerischen Auseinandersetzungen oder führen selbst Krieg. Wie unterscheiden sich also die fiktiven von den realen Kriegstieren, wie werden hier Tiere verhandelt?
Für die Untersuchung dieser und anderer Fragen suchen wir nach kritischen Analysen von Populärkultur, Literatur, Kunst, Film, Theater, Musik. Historische, soziologische, psychologische, rechtswissenschaftliche und ethologische Studien sind ebenfalls sehr erwünscht. Andere, hier nicht aufgeführte Untersuchungen zum Themenkomplex Tiere und Krieg sind ebenso willkommen.

Abstracts von nicht mehr als 2.000 Zeichen senden Sie bitte bis zum 1. Februar 2017 an jessica.ullrich@neofelis-verlag.de und roscher@uni-kassel.de. Die fertigen Texte dürfen eine Länge von bis zu 22.000 Zeichen haben (inklusive Leerzeichen und Fußnoten) und müssen bis zum 1. Juni 2017 eingereicht werden. Danach gehen sie zur Peer Review an den wissenschaftlichen Beirat von *Tierstudien*. Auf Grundlage der Gutachten des wissenschaftlichen Beirats wird über die Annahme der Texte zur Veröffentlichung in *Tierstudien* entschieden. Erscheinungsdatum für die angenommenen Texte ist Anfang Oktober 2017.

Tierstudien

hrsg. von Jessica Ullrich

Bisher erschienen
01/2012 – *Animalität und Ästhetik*
02/2012 – *Tiere auf Reisen*
03/2013 – *Tierliebe* (hrsg. zus. mit Friedrich Weltzien)
04/2013 – *Metamorphosen* (hrsg. zus. mit Antonia Ulrich)
05/2014 – *Tiere und Tod* (hrsg. zus. mit Antonia Ulrich)
06/2014 – *Tiere und Raum*
07/2015 – *Zoo*
08/2015 – *Wild*
09/2016 – *Tiere und Unterhaltung* (hrsg. zus. mit Aline Steinbrecher)
10/2016 – *Experiment*

In Planung
11/2017 – *Mimesis, Mimikry, Mimese* (hrsg. zus. mit Antonia Ulrich)
12/2017 – *Tiere und Krieg* (hrsg. zus. mit Mieke Roscher)